JN410287

김옥기 수필집

수평선 그 너머에는

수평선 그 너머에는
김옥기 수필집

1판 1쇄 인쇄/ 2014년 6월 25일
1판 1쇄 발행/ 2014년 6월 30일

지은이 / 김 옥 기
펴낸이 / 우 희 정
펴낸곳 / 도서출판 소소리

등록 / 제300-2007-21호
주소 110-521 서울 종로구 명륜동 1가 33-90
경주이씨 중앙회빌딩 302-1호
전화 / 765-5663, 766-5663(Fax)
e-mail: sosori39@hanmail.net
www.sosori.net

값 10,000 원

*잘못된 책은 바꿔드립니다.

ISBN 978-89-97294-70-1 03810

수평선 그 너머에는

김옥기 수필집

소소리

책을 내면서

한국은 참 아름답습니다. 파란 나무들이 만든 숲과 꽃과 깨끗한 거리와 여인들의 웃음과 모든 것이 예전의 한국이 아닙니다. 미국 이민 27년 만에 처음으로 내리 몇 개월을 고국에 머물면서 아름다운 한국에 취해있습니다. 정말 한국은 아름다운 금수강산입니다.

옛사람들이 그리웠습니다. 이민과 함께 단절된 내 그리운 옛 추억을 찾아 나섰습니다. 친척, 친구, 그리고 예전에 잘 가던 오솔길, 호수, 계곡, 찻집…. 그것은 '나'를 찾는 일이기도 합니다.

그러다가 문득 책 한 권 묶기로 했습니다. 책 내는 것에는 항상 자신이 없어서 주저하는 나를 옆에서 부추기고 권유하는 몇 분의 고마운 마음들에 못이기는 척하면서.

2010년에 낸 수필집 『바람이 부는가』에 들어있는 글 외에 신문, 잡지 등등 사방에 흩어진 글들을 모아보았습니다. 이번

역시 덜 익어서 풋내 나는 글들이 나를 부끄럽게 합니다. 이민생활을 하면서 해바라기처럼 고국인 한국만을 바라보는 그리움의 흔적일 뿐입니다. 보잘것없는 글들이지만 27년이란 짧지 않은 세월을 '바쁨'과 '외로움'이란 단어를 가슴에 안고 남의 나라에서 잘도 견디며 살았구나 하는 대견함도 느낍니다.

나의 글들은 강산이 세 번 변하는 세월 동안 동포신문과 함께 이민살이를 한 세월의 흔적이며, 세월의 향기입니다. 어릴 때 데리고 간 아이들은 어른이 되었고, 나는 늙어가고, 마음을 주고받은 친한 이들은 벌써 이 세상 사람들이 아니고…. 그렇게 한 세대가 지나고 있습니다.

이번 책을 위해 예쁜 그림을 그려주신 성춘복 선생님, 소소리 사장님, 좋은 글을 써주신 정목일 선생님께 감사드립니다.

2014년 초여름

저자 김옥기

▷ 차 례

▷ 책을 내면서

1. 노랑머리 만들기

13 · — 장승과 동자석
18 · — 풍경소리
23 · — 외로울 땐 시를 읽으세요
28 · — 스님들로부터 받은 복
33 · — 브로드웨이에서
39 · — 동무와 다기
44 · — 노랑머리 추억 만들기
49 · — 도장, 그 추억의 예술품
54 · — 보이차 이야기
59 · — 삶과 죽음의 모래성

2. 지구촌 풍물시장

프리마켓에서 만난 한국 인형 — · 67
청옷 입은 아이들 — · 73
슬픈 상속 이야기 — · 78
이 땅의 아들딸들아! — · 83
미국 속의 또 다른 한국인 — · 88
커피향의 유혹 — · 94
정재옥의 사부곡(思夫哭) — · 99
그녀는 떠나고 — · 104
눈 오는 날의 명상 — · 109
박남수 선생님의 '훈련' — · 114

3. 사진 몇 장

125 · — 새해에는 더 많은 복 쏟아져라
130 · — 추억의 벽
135 · — 잘 자요, 엄마!
140 · — 모래밭에 쓴 수필
145 · — 별유천지 나의 작은 숲
151 · — 어느 날 기억을 잃어버린다면
157 · — 여성의 정체성
162 · — 세계를 비상하는 부부
169 · — 너무나 고달프고 고독해서
174 · — 아, 백남준 선생님!
179 · — 민화 속에 흐르는 대금소리

4. 햇살 밝은 날에

후회할까 봐 —· 187
먹고 먹어도 배고픈 이유 —· 192
이강자의 '인과응보' —· 197
일당스님과 황산에 올라 —· 202
정크아트의 황제 정찬승 —· 207
혼불을 만나다 —· 212
외로워 마세요 —· 218
풍속화와 몸짓명상 —· 224
어머니, 어머니··· —· 229
달빛차 인연 —· 234
세월의 향기 —· 239

정 목 일 ‖ 김옥기의 수필세계 —· 244

1.

노랑머리 만들기

장승과 동자석

장승 한 쌍이 우리 집 식구가 됐다. 멀리 필라델피아의 고향 후배 지하실에 오랫동안 갇혀 살다가 뉴욕으로 이사 왔다. 집주인이 이들을 해방시킨 것이다. 어쩌면 여러 쌍의 장승들 가운데 이들을 나에게 분가시켰다는 게 더 맞는 말일 것 같다. 그것도 10년인지 20년인지 모를 긴 세월 만에.

장승부부가 우리 집에 온 지도 여러 달이 지났다. 내 키 만한 이들은 혼례복을 입고 있다. 신랑은 사모관대를 썼고, 신부는 족두리를 썼다. 이들을 집 문의 양옆에 세워놓았다. 한국의 시골에서 마을을 바라다보고 있는 것과 달리 이들은 앞집 창문만을 바라보고 있다. 집 앞을 지나는 작은 길 건너에는 집들만 나란히 서 있으니 볼 곳이라고는 그곳 밖에 없다.

장승이란 마을 입구에 서서 마을의 안위를 지켜주는 지킴이가 아닌가. 그 마을의 온갖 것 다 알면서 살아온 그들이 남의 나라에 와서 지하실에서 숨 막히는 생활을 오랫동안 해왔고, 또 이사를 와서도 그리 살고 있으니 그 답답한 마음이 사람과 조금도 다를 게 없을 것 같다.

이 장승들이 태어난 고향이 어디일까, 왜 이 미국까지 이민을 왔을까, 그래도 혼자가 아니라 부부가 함께 왔으니 다행한 일이네, 어떻게 하여 뉴욕의 우리 집까지 와서 문 앞에 서 있게 됐을까. 모든 게 다 신기하기만 하면서 온갖 상상을 다해 본다.

집 앞에 서 있는 장승들에게 출근할 때는 잘 있으라 하고, 출근 후에도 내내 그것들이 잘 있는지 궁금했다. 그런데 문제가 생겼다.

한 스무 가구쯤의 우리 동네에 언제 이사를 왔는지 우리 집 들어가는 길목에 한국인이 산다. 그 집 문 앞에 우리 장승과 모양새는 완전히 다르지만 약간 키가 작은 나무 장승 하나가 서 있다. 한국의 장승은 아닌 것 같은데 그것의 온 몸에 칠해진 단청색이 우리의 장승과 너무나 닮아 있었다. 그게 꺼림직 했다. 실제 몇 집 안 되는, 전부 외국인인 동네사람들이 한국인의 집 앞에만 그들이 보기에 이상한 얼굴의 나무 조각이 혼란스런 색을 하고 서 있어서 정말 코리안은 이상한 사람들이라는 편견을 가질 수도 있기 때문이다.

어느 날 장승을 집 뒤 잔디밭으로 옮겼다. 파란 잔디밭, 앞에는 숲이고, 그 옆에는 갈대밭이다. 그곳에서 그들은 마음껏 자연의 향기를 맡을 것 같았다. 때로는 놀러오는 사슴가족도 만날 것이고, 새들이 부르는 아름다운 노래도 들을 것이고… 그러나 집 뒤쪽이라는 게 영 마음에 들지 않았다. 다시 앞으로 옮길까, 아니면 집안으로 데리고 들어갈까. 그런데 장승을 집안에 들여도 되는지 모르겠다.

한국의 동자석이 생각난다.

무덤 앞에 서 있는 동자석은 죽은 자의 영혼을 지키고, 산 자와 죽은 자를 연결시키는 역할을 한다. 나는 그런 동자석이 좋았다. 그 동자석을 무덤이 아닌 어느 집 정원과 리빙 룸, 혹은 전시장과 골동품 가게에서 만나곤 했다. 그들에게서는 꼭 사람냄새가 난다. 개구쟁이 남자애이거나 나이보다 성숙한 소년 같은 느낌의 사람냄새. 그래서 그 녀석들을 좋아하는지 모른다. 문인석과 다르고 돌하르방과도 다른 모습, 키는 작으면서 귀엽게 생긴 눈 코 입…. 각기 다른 곳에서 본 다른 것인데도 모두가 다 재미있고 귀엽다.

한국에 가면 운현궁 근처에 있는 친한 화가의 집에 머물곤 하는데, 그 집 리빙룸에 동자석이 있다. 동자석은 꼭 나를 기다리고 있었던 것처럼 매번 나를 반긴다. 집주인인 화가가 충청도 시골의 한옥을 팔고 이 집으로 이사 올 때 그 집 정원에 있던 것을 파왔다고 한다. 우리는 금방 친해졌다. 매일 혼자 있다가 내가 서울에라도 가게 되면 나랑 같이 사는 격이 되었다. 어디에 갔다가 문을 열고 들어가면 그윽하게 바라보는 눈빛이 참으로 친근하다.

그때마다 좋다좋다 하면서, 어떤 때는 지그시 눈을 내리깔고 미소를 짓고 있는 동자석에게 말한다. "야, 내 따라 갈래? 나랑 같이 미국 가서 살자"고. 꼭 아이한테 말하듯 그렇게 꼬셔본다. 녀석은 내 말을 듣고는 싱긋이 웃는다. 정말 꼬셔서 될 일이라면 적극적으로 그렇게 해 보고 싶다. 어떤 때는 주인이 볼세라 녀석의 손 한 번 만지지 못하고 들여다보기만 한다. 이것이야말로 동자석에 대한 나의 일방적인 짝사랑이다. 녀석을 꼭 데리고 살고 싶다. 그런 생각을 하고 다시 녀석을 꼼꼼히 들여다보면 동자석은 더욱 나에게 착 달라붙는다. 아니 내 마음이 더 녀석에게 다가가고 있는지도 모른다.

밤에 누워서 동자석을 바라보노라면 집에 갇혀서 말없이 서 있기만 한 동자석이 얼마나 답답할까 안쓰러운 생각이 들기도 한다. 저 동자석을 누가 만들었을까. 언제 만들어졌을까. 어디로 흘러서 이곳까지 왔을까. 오랫동안 자연 속에서 피어났던 파란 이끼가 몸 여기저기에서 더욱 선명한 꽃무늬를 이루며 세월의 흔적을 보여주던 동자석이 측은하면서 사랑스러웠다. 뉴욕에 와서도 그 동자석이 가끔 보고 싶어진다. 그럴 땐 찍어온 사진을 들여다보곤 한다.

오늘, 장승을 집안으로 데리고 들어갈까 생각하면서 갑자기 그 동자석이 생각난 건 마을을 지켜야 하는 나무로 만든 장승도, 무덤을 지켜야 하는 돌로 만든 동자석도 저 살아야 할 곳에 살지 못하는 게 사람과 다를 게 없다는 생각 때문일 것이다.

풍경소리

"댕그랑, 댕그랑, 대앵, 댕…" 풍경이 운다. 산속의 절도 아닌, 나의 조그만 집에서 풍경이 운다. 아무도 없는 집안에서 내는 풍경소리는 산사에서 내는 풍경소리처럼 길지는 않지만 그윽한 여운을 남긴다.

"댕그랑, 댕그랑, 대앵, 댕…."

풍경소리에 한국의 깊은 산속, 맑은 하늘이 묻어나온다. 나무들의 대화, 물 흐르는 소리, 바람, 바람소리…. 그런 그리움의 소리가 집안을 잔잔하게 울린다.

한국에 갈 때마다 한국을 미국으로 가져오고 싶어진다. 어쩌다가 와서 살게 된 땅은 미국이지만, 땅만 미국이게 살고자

하는 마음이다. 그래서 마음에 담아둘 수 있는 것들, 한국을 생각나게 하는 것들, 이곳이 미국이 아니라 한국이지, 하며 생각할 수 있는 것들에게 욕심을 갖는다.

마음대로 읽을 수 있는 한글로 된 책들, 틀면 언제든지 들을 수 있는 한국노래의 테이프나 CD, 한국 차, 도자기로 만든 찻잔, 사발… 그러다가 인사동 거리에서 풍경을 만났다. 그것은 내가 직지사나 수덕사, 마곡사 등 사찰 처마 밑에 달려있는 풍경의 모습을 닮았고, 그 소리의 아름다움을 닮아 있었다.

이 풍경은 종 아래에 물고기를 달아 맨 한국의 사찰에서 본 무게 있는 큰 풍경이 아니다. 작은 종 밑에 아주 작은 종 세 개가 달려있고, 그 아래에 둥근 추를 달아서 흔들면 각기 다른 소리를 내면서 그 소리들이 어우러져 아름다운 화음을 낸다. 흔들면 내는 청아하고 아름다이 내는 소리가 좋아 그 풍경 몇 개를 사와 친한 이들에게 나눠주고 한 개를 남긴 것이다.

집 문 밖에 풍경 달 곳을 찾아봤다. 그러나 어디에도 작은 풍경하나 달 곳이 없었다. 한국서처럼 처마 밑에 달고 바람이 불 때 내는 아름다운 소리를 듣고자 했던 작은 꿈은 사라져 버렸다. 나의 집은 처마도 없고, 집에 들어가는 문 바깥에 작은 못 하나 칠 곳도 없다.

풍경 달 곳을 못 찾고는, 이다음에 집 뒤 잔디밭에 정자를 만들면 거기에 달아야지, 하고는 집안으로 끌고 들어온 게 바로 리빙룸과 부엌을 오가는 머리 위 오른쪽이다. 그곳에 못을 박을 수 있는 나무 벽이 있어서 풍경의 자리를 잡아줬다. 그 아래를 지날 때면 머리가 추를 건드리게 되어 풍경이 소리를 낸다. 그래서 서울서 가져온 내 집의 풍경은 부엌을 들락거릴 때에만 머리에 닿아서 소리를 낸다. 그 소리가 참 좋다.

원래 풍경은 처마 밑에 달아서 바람이 불 때 흔들리며 몸체와 추가 부딪혀서 소리를 낸다. 그래서 풍경소리는 바람이 지나는 흔적이고, 풍경에 달린 물고기는 푸른 하늘에서 헤엄을 친다고 했다. 그런 것을 생각하면서, 이 미국 땅에서 한국 산사의 풍경소리를 듣고 싶어 했던 것이다. 가슴을 시원하게 뚫어주는 영원의 소리를 내는 풍경소리를 집에서 듣고 싶었다. 물고기가 하늘을 마음껏 유영하는 것을 보는 자유를 느끼고 싶었다.

그러나 내가 가져온 풍경은 바깥바람 한 번 쐬지 못하고, 바람한 점 없는 집 안에 갇혀서 우리 가족의 머리에 받혀서만이 소리를 내며 산다. 그런 풍경에게 내가 이민을 잘못 시켰다고 말했다. 조금 미안한 마음과 함께 저도 나도 안쓰러움이 반반이라 생각한다. 그런 마음이 들 때마다 풍경에게 말한다. 언제가 될지 모르지만 정자를 지으면 그때 마음껏 울어라, 하고.

풍경소리를 왜 풍경이 운다고 하는가. 풍경은 우는데 그 소리는 어찌 아름다운가. 풍경은 집안에 갇혀있으면서도 아름다운 소리를 내면서 나를 즐겁게 한다. 어두웠던 나의 심령이 풍경소리에 맑아지고, 잠들었거나 죽어있는 집안 곳곳의 집기들이 풍경이 내는 정신의 소리로 깨어난다.

이철수는 '풍경소리'를 '밤새 바람 거칠어 풍경이 몸살을 한다. 존재가 모두 이렇게 몸 있는 동안 바람을 타기 마련'이라고 했다.

나의 집 풍경은 바람도 없이 마음으로 자연과 만나 소리를 전한다. 집안에서 내는 소리가 산사에서처럼 그윽한 것처럼 느껴지는 것은 그래서일까.

집에 있는 날이면 집안을 오가며 머리에 받혀서 내는 풍경소리를 자주 듣는다. 소리가 멈추면 손으로 추를 건드리거나 풍경 전부를 흔들어서 소리를 내게 한다.

풍경소리를 들으면서 바깥을 내다본다. 유리창문 밖엔 하늘이 있고, 숲이 있고, 늪이 있다. 때로는 넓은 잔디밭에 뛰노는 사슴도 볼 수 있다. 너무 작지만, 연못 속에서 거북이 두 마리가 놀고도 있다. 집안에서 우는 풍경은 바깥의 그것들과도 만나 '댕그랑, 댕그랑' 하면서 이야기 한다. 풍경소리는 잎이 다 져버린 쓸쓸한 나무들을 어루만지기도 한다. 어쩌면 한국의 산사를 닮아있기도 하다.

"'댕그랑, 댕그랑, 댕그랑, 대앵, 댕…." 여운을 남기며 우는 풍경소리 속에 그리움이 배어나온다. 풍경소리는 왜 매번 그리움을 일게 하는지 모른다. 풍경은 '그립다, 그립다' 하면서 우는 것 같다. 그래서 풍경소리는 그리움의 소리인가. 그래서 집안에서 우는 풍경소리도 애잔한가.

떠나온 고향, 떠나간 세월… 다 그립다. 왜 풍경이 운다고 하는지도 알 것 같다.

풍경소리가 오늘따라 더욱 그리움을 일게 한다. 사라지는 가을 속에 풍경소리가 묻힌다. 앙상한 나무들의 숲속으로, 누렇게 익은 갈대밭으로 가늘고 그윽한 여운을 남기면서. 그 여운과 함께 그리움만 남긴다.

외로울 땐 시를 읽으세요

오늘 아침 한 여인으로부터 전화가 왔다.

"그렇게도 무덥더니 선선해서 살 것 같네요. 어제 새벽엔 추워서 두꺼운 이불을 덮고 잤어요. 그런데 말이죠, 서늘함을 느끼니까 왜 갑자기 외로워지죠? 나이가 이렇게 먹었는데, 낙엽지는 계절도 아닌데, 주책없이 왜 이런지 모르겠어요."

한인사회 행사가 있으면 어쩌다 한 번씩 보는 사람이다. 50대, 어쩌면 60대 초반일 것 같기도 하다. 뉴욕과 뉴저지에 네일가게를 몇 개 운영하는 슈퍼우먼이다. 아침부터 밤까지 뛰어야 하는, 늘 바쁘게 사는 여자다. 돈 버는 일만 하는 여자여서 내 마음에서 좀 멀어져 있다. 그런데 오늘 아침 그녀의 전화는 그녀에 대해 이제껏 두어 온 거리를 좁혀줬다. '이 여자도 그런 말을 할 줄 아네, 이 여자도 그런 생각을 할 줄 아네' 하면서.

오늘 새벽에 나도 그랬다. 가을이 오는 것인지, 열어놓은 창문으로 서늘한 바람이 들어와 좀 추웠다. 이불 속에서 웅크리며 그제까지만 해도 환장할 것 같이 무더웠는데 날씨도 참 간사하다고 한마디 하면서 왠지 가을에나 느끼는 쓸쓸함이 가슴에서 묻어났다. 그런데 그녀로부터 이런 전화를 받은 것이다.

날씨가 선선해서 외롭다고? 나이가 많은데 왜 그러냐고? 외로움이 나이와 무슨 상관이람. 아마 그녀도 이민병, 향수병이 났을 것이다. 그래서 누군가가 그리울 것이다. 친구든, 고향이든, 옛 애인이든…. 아니면 믿는 누군가에게 배반을 당했을지도 모른다. 외로움이란 그럴 때 생기는 것이니까.

책 한 권을 받았다. 배병진씨의 자서전『산 넘고 바다 건너』였다. 책 제목만 봤는데 가슴이 쏴 했다. 내용도 읽지 않았는데 왜 이리 가슴이 아린지 모르겠다고 생각했다. 그리고는 어쩌면 제목처럼 고향을 떠나서 산을 넘고 바다를 건너 이 미국 땅에 와 살고 있기 때문일 것이라고 생각했다. 나 뿐 아니라 오늘 전화를 한 여인을 비롯하여 이곳에 사는 우리 모두의 가슴에는 외로움이라든가 서러움의 켜가 크게 생겨 있을 것이다.

지난 주말에는 뉴욕서 체육회장을 지낸 H씨의 칠순잔치가 있었다. 부부가 10년은 훨씬 젊은 모습으로 하객을 맞이했다. 미국에 온 지 벌써 35년이 됐다는 그는 처음 미국에 왔을 때처럼 앞으로도 열심히 살 것이니 지켜봐달라고 말했다. 그런 그에게 친지들이 만수무강하라고 축하를 해주었다. 보기 좋은 광경이었다. 그러나 그의 얼굴에서는 쓸쓸함이 비쳤다. 몇몇 하객들도 그렇게 보였다. 미국에서 꼭 절반을 산 그는 앞으로 이곳에서 더 많은 날을 살 것이고, 또 죽으면 이곳에 묻히게 될 것이다. 그러면 이곳이 또 자신의 땅이 될 것이다. 그래서 쓸쓸했을까. 어쩌면 이민 온 우리 모두가 그렇게 될 터인데….

사람들은 성공하여 잘 살면서도 어느 날 문득 서러워진다. 산 넘고 물 건너 이역만리 이 미국에까지 와서 살기 때문이다. 제 나라를 떠나와서 물도 설고 말도 선 남의 나라에 발붙이고 사는 우리는 말만 들어도 서글픈 이민자이기 때문에 더 힘들고 외롭다.

생활전선에서 바쁘게 뛰다가 조금 정신을 차리게 되면 자신을 돌아보게 된다. 내가 왜 여기 있을까, 이곳에서 이대로 살아도 되는 것인가, 이대로 살 수밖에 없는가. 사람들은 더러는 이제껏 살아온 것처럼 그냥 그대로 살기도 하고, 더러는 새로운 것을 찾기도 한다. 골프를 친다거나, 그림을 그린다거나, 글을 쓴다거나, 여행을 한다거나….

나는 미국에 와서 한국말만 열심히 했고, 한글만 열심히 썼고, 한국 음식을 열심히 먹었다. 그리고 한국사람들을 열심히 만났다. 그렇게 20년 가까이 살았다. 살고 있는 땅만 미국일 뿐이지 어떤 사람처럼 혀가 꼬부라져 있지도 않고, 많이 먹었는데도 한 이틀만 김치 구경을 못하면 김치 냄새가 그리워 허기가 지는 그런 코리안이다. 나만 이렇게 김치 냄새를 그리워하고 고향이 그리워서 가슴에 외로움의 켜가 생긴 줄 알았는데 다른 사람들도 그렇단다. 오늘 아침 전화의 그 여인도 그럴 것이다.

나는 그럴 때 시를 읽는다. 좋은 시를 찾아 읽는다. 좋은 시를 읽으면 마음이 즐거워진다. 그래서 외로울 땐 시를 읽으라고 권하고 싶다. 그 여인에게 이런 시를 읽어주고 싶다. 학생 시절에 함께 글놀이를 하던 시인 박해수의 『죽도록 외로우면 기차를 타라』 중에서 「서정리역」이다.

소낙비 속에 들판 끝
이승의 끝, 쇠별꽃처럼
내렸다
막 울고 싶은 사람들은

서정리 가는 기차를 타라
이승에 한 번쯤 신세지듯
아파트 전세 들듯
이 세상 잠깐
전세 들듯 살고 있는 것
살다 비워주는 이승의 바람같이
떠돌다 헤매며
손님처럼 왔다 가는 것

박해수는 그리운 추억과 낭만의 역 순례를 하면서 시를 쓰고 있다. 이 시를 읽으면서 미국에 오기 전 기차를 타던 장항역이나 부산역, 혹은 한 번쯤 가봤던 부여역, 천안역 등을 느껴보는 맛도 괜찮다. 그것들이 아스라이 먼 옛날을 생각나게 한다.

이 시를 읽고서도 외롭다면, 죽도록 그립고 외로워서 못 견디겠으면, 이 시처럼 기차를 타보는 것은 어떨까. 시골 역에 내려보면 한국은 아니어도 어쩌면 옛 정서가 깃든 양평역이나 영천역 등을 만날 수도 있으리라. 거기에서 옛 삶의 풍경이나 잔잔한 미소도 함께 만날 수 있게 될지 모를 일이다. 그동안 잃어버렸거나, 잊어버렸던 그리움들과 만날 수 있을지도….

스님들로부터 받은 복

"복 많이 받으세요."

며칠 사이로 두 분의 큰스님으로부터 복을 받았다.

복을 받으라고 해서 고맙다고 인사를 했는데, 정말로 스님이 주신 복이 나한테 왔는지는 잘 모르겠다.

불자는 아니지만 절을 좋아하고 스님친구를 여럿 두고 있는 나는 스님들의 글을 읽거나 설법을 곧잘 들으면서 마음을 정화시키기도 한다. 특히 어느 스님의 마음을 비우라는 말은 항시 내 생활의 좌우명이 되고 있기도 하다.

한국의 조계종 총무원장인 법장스님이 뉴욕동포들에게 복을 주고 가셨다. 스님은 '마음의 극락을 만들자'는 법문을 통해 남의 나라에서 외롭게 살고 있는 우리들에게 생활 속에서 찾는 행복의 지혜를 마음 가득 주셨다.

스님은 평소에 가장 아끼는 보물이 있다고 했다. 그것은 복을 넣는 바랑으로, 스님은 그 바랑에 계속 복을 넣는다고 했다. 아무리 넣어도 커지지 않고 그 모습 그대로 있는 바랑 속의 복을 스님은 뉴욕동포들에게 주겠다고 하셨다. 고된 이민생활에 지치고 외로운 교민들에게 이 복을 아낌없이 그대로 줄 터이니 잘 살라고 하시면서.

그날 법정스님의 보물인 바랑 속의 복을 받은 나는 그 길로 늦은 밤 비행기를 타고 한국에 갔다. 한국기자협회가 주최한 재외동포기자대회에 참석키 위해서였다. 대회 사흘째, 설악산에서 열린 세미나에서 노스님이 한 분 나오셨다. 백담사 화주인 오현 큰스님이었다.

시인이기도 한 오현스님은 경상도 사투리의 어눌한 목소리로 또 복을 주셨다.

"여러분은 말과 글을 찾아서 다니지만, 나는 말과 글을 버리는 공부를 해왔다"며 "살생하지 말라. 거짓말하지 말라. 도둑질하지 말라. 싸움하지 말라. 과음하지 말라"고 했다.

일상으로 잘 알고 있는 말들을 스님은 어린애 다루듯이 세계 21개국에서 온 65명의 재외동포언론인들에게 이 다섯 가지를 잘 지키면 어디 가든지 그 사회에서 존경을 받으며 잘 살 것이라고 했다. 그리 살면서 복 많이 받으라고 했다.

풀벌레 울음소리가 들리는 산중에서 듣는 스님의 말씀은 그대로 내 것이 되어 가슴에 와 꽂혔다. 나는 보고 듣고 알고 깨닫고 한다는 것은 거울이나 물에 비친 그림자에 불과하다는 사고로 살아오고 있다는 오현스님의 깨달음의 세계를 봤다. 그가 주는 복을 받으며 꼭 다른 세계에 와 있는 것만 같았다.

복이란 무엇인가? 국어사전을 보면 '큰 행운과 오붓한 행복. 또는 그로 인해 얻는 기쁨과 즐거움'이라고 적고 있다. 행운(幸運)이란 행복한 운수, 혹은 좋은 운수를 말함이고, 운수(運數)란 인간의 능력을 초월하는 천운(天運)을 말한다.

사람들은 이렇게 인간의 능력으로서는 얻을 수 없는 하늘이 주는 행운의 복을 받기 위해 기원을 한다. 그러나 이러한 행운은 매우 추상적이다. 사람들은 기도나 불공 등 각자가 믿는 최고의 신에게 보이지 않는 이러한 추상적인 복을 달라고 빈다.

그런데 오붓한 행복은 어떤가. 보이지 않는 행운을 비는 것과는 조금 다르다. 또 과녁 맞추기 혹은 복권 당첨, 또는 열심히 빌어서 5대독자 아들을 낳는 것 같은 그런 행운과도 좀 다르다.

오붓한 행복은 돈이 없어도 좋다. 몸에 비단이나 번쩍거리는 보석을 감지 않아도, 좋은 차를 타고 큰 집에 살지 않아도 된다. 그저 식구가 굶지 않고 아프지 않고 화평하게 사는 그런 욕심 없는 복이다.

IMF 이후 한국에는 직장 잃고 집 없는 사람, 먹을 것 없어 굶주리는 사람, 사회악이 만발하여 제명에 못사는 사람들이 얼마나 많은가. 그런 사람들에게는 등 대고 편히 누워 잘 수 있는 작은 방 한 칸이 그립고, 겨울날 식구들이 한자리에 앉아서 따스운 밥 먹는 게 소원이다. 그런 사람들에게 있어서 화려한 것은 아니어도 좋다. 아마도 스님이 주시는 복은 이런 오붓한 복이 아닌가 싶다.

충청남도 옥천의 어느 산골에 사는 도자기 작가 L씨의 조수는 여승이다. 그녀는 17세에 출가하여 스님이 되었다. 10여 년 간 절 생활을 하고는 미치도록 도자기를 하고 싶어서 몸살을 하다가 6년 전부터 아예 L씨 밑에 들어와 도자기를 빚으며 살고 있다. 아직은 젊어서인지, 큰스님들처럼 남에게 복을 주는 말은 잘 못해도 도자기를 빚는 그녀는 매우 행복하다. 그런 그녀를 보면서 나도 함께 행복해지는 것 같았다.

복은, 행복은 누가 만들어주는 게 아니다. 그러나 더러는, 주는 복을 그대로 받을 수만 있다면 1년 365일 매일을 복에 겨워 웃으며 살 것이다.

새해는 아니어도 스님들로부터 받은 복이 많아서 매일 복된 날이 되지 않을까 싶다. 많으면 옆 사람에게 나눠줄 것이다. 복은 함께 나누는 것이니까.

브로드웨이에서

맨해튼은 지금 많은 전시회와 공연으로 예술의 향기가 흘러 넘칩니다. 특히 맨해튼 심장부 브로드웨이는 더하네요. 화씨 1백도 가까운 찜통더위가 연일 계속 되는 데도 말입니다.

매일 아침 7시 조금 넘어서 브로드웨이 32가 코너 한인타운 입구에 있는 찻집 스피디의 이층 창가에 앉아 커피를 마십니다. 바로 아래 찻길 건너에 한 4천 스퀘어피트쯤 되는 삼각형의 아주 작은 공원 그릴리 스퀘어 파크가 있습니다. 공원 입구에 호랙트 그릴리라고 이름이 새겨진 남자의 동상이 서 있네요. 아마도 그릴리라는 사람이 이 거리를 위해 큰 공헌을 한 모양입니다.

공원은 작지만 몇 그루의 나무들이 있어 그늘을 만들어 줍니다. 참새도 많이 날아다닙니다. 가볍게 부는 바람결에 흔들리는 나무그늘 아래 사람들이 여기저기 앉아 차를 마십니다. 아침엔 혼자 앉아 생각에 잠겨있는 사람들이 더 많습니다.

바로 앞에 그 공원을 등에 진 듯한 32가 지하철의 입구가 뚫려 있습니다. 사람들이 지하철 구멍으로 꾸역꾸역 몰려나옵니다. 살아있는 도시 뉴욕의 아침이 열리고 있는 것입니다. 뉴요커의 하루가 시작되는 것이지요. 지하철 입구를 나온 사람들은 세 갈래, 네 갈래로 갈라진 길을 건너갑니다. 각자의 일터가 있는 빌딩으로 들어가겠지요.

이 찻집을 중심으로 오른쪽은 브로드웨이, 왼쪽은 6애브뉴입니다. 오른쪽으로 한 열 블록 올라가면 타임스퀘어가 나오고, 열대여섯 블록 내려가면 워싱턴 스퀘어가 나옵니다.

도심의 빌딩숲 속에 있는 그릴리 파크는 너무 작아서 앙증맞다는 생각을 하면서 카메라를 꺼내어 유리창 너머 공원을 배경으로 지하철 입구에서 쏟아져 나오는 사람들의 모습을 찍습니다. 내리 몇 장을 찍다가 어제 찍은 사진들을 돌려봅니다.

어제는 미국에 온 지 40년 된 B선배와 만났습니다. 시인인 그녀는 시집과 산문집을 여러 권 낸 유학생출신으로 미국공립

학교에서 교사 노릇을 몇십 년 간 한 교육자입니다.

우리는 어스름 저녁에 식사를 한 후 그릴리 파크 나무 그늘에 앉았다가 바로 길 건너 있는 이멜다 빌딩 앞 노상 쉼터에 갔습니다. 흑인여자아이가 쉼터에 놓여있는 피아노를 치고 있습니다. 연주가 끝나자 주위에 앉아있던 관객들이 박수를 칩니다.

어쩌면 이것은 맨해튼에서만 볼 수 있는 풍경인지 모릅니다. 요즈음 맨해튼 곳곳에 작은 피아노가 한 대씩 놓여있답니다. 피아노에 '플레이 미(Play me)' '아임 유얼스(I'm Yours)'라고 씌어 있습니다. 타임스퀘어, 링컨 센터, 센트럴 파크 등지에 60대의 이러한 피아노가 놓여있어 누구나 칠 수 있습니다. 영국 예술가 루크 제람의 제안으로 기획됐다고 합니다. 밤중에 누군가 장난을 칠까 봐 피아노에는 두 개의 자물통도 달려 있습니다. 한 밤엔 아마 자물통을 채워 놓는 모양입니다.

우리는 한 블록을 걸어서 메이시백화점 앞 광장에 가서 의자에 앉아봅니다. 이곳에는 그릴리 파크보다 더 작은 파크가 광장에 붙어있습니다. 나뭇잎 사이로 한 블록 뒤에 우뚝 솟은 엠파이어스테이트 빌딩이 보입니다. 테이블에 마주앉아 얘기를 하거나 음료수를 마시는 사람들의 풍경이 참으로 평화롭습니다.

다시 걷습니다. 한 블록의 메이시백화점 광장을 지나자 띄엄띄엄 마네킹이 최신 패션 옷을 입고 포즈를 취하고 있습니다. 마네킹 패션 축제입니다. '사이드 워크-캣 워크'라는 이름의 마네킹 패션쇼는 메이시백화점에서 타임스퀘어까지 이어집니다. 패션쇼와 설치미술을 종합한 전시회로서 패션센터 경제환경개선지구가 마련한 올 여름 새롭게 등장한 맨해튼 거리문화예술 프로젝트입니다. 우리의 첨성대 모양으로 벽돌을 쌓은 옷을 입은 마네킹도 있습니다. 천, 실, 철사 등 소재도 다양한 의상을 입은 마네킹은 지나는 이들의 사진 모델까지 겸하면서 인기를 모으고 있습니다.

선배와 나는 각자 좋아하는 옷을 입은 모델과 사진을 찍습니다. 그리고는 멋있는 수영복을 입고 포즈를 취한 흑인 마네킹 옆 벤치에 앉습니다.

뉴저지에 사는 그녀는 처음 이런 분위기의 맨해튼 거리를 걸어본다며 매우 감동하면서 나에게 '브로드웨이 풍경', 혹은 '브로드웨이의 하루'를 타이틀로 한 일기를 쓰라고 말합니다. 이렇게 브로드웨이를 안마당처럼 걸으며 사는 사람도 드물다면서.

'일기'라는 말을 오랜만에 들어봅니다. 매일 일기를 쓰던 어린 시절이 새록새록 살아납니다. 초등학교 때 나는 일기를 열심히 쓰는 모범생이었습니다. 일기를 생각하니 괜히 기쁩니다. 브로드웨이 일기… 그러고 싶습니다. 그녀 말대로 매일 그렇게 일기를 쓰는 초등학생으로 돌아가고 싶습니다.

타임스퀘어 광장에 도착했습니다. 즐비하게 늘어 서 있는 극장들의 휘황찬란한 네온사인 간판 아래 사람들이 물결을 이루고 있습니다. 백인, 흑인, 황인… 다양한 인종들이 모인 한여름 밤의 열기가 타임스퀘어 광장에서 폭발하려 합니다.

타임스퀘어 광장은 내가 자주 오는 곳입니다. 이곳에 오면 LG와 삼성, 그리고 현대를 만납니다. 코카콜라, 펩시, 야후, 도시바, 그리고 세계굴지의 은행인 HSBC와 함께 어깨를 나란히 하고 있는 우리의 이 광고판들을 보면 어깨가 으쓱해집니다. 어쩌면 신라의 미소인 수막새를 닮은 LG간판은 멀리서도 눈에 확 띄면서 기분을 좋게 합니다.

뉴저지로 떠나는 선배를 배웅하고 나는 온 길을 되짚어 내려옵니다. 패션쇼를 하고 있는 마네킹의 옷을 만져보기도 하면서.

디지털 카메라에 담은 타임스퀘어의 LG광고판 사진과 함께 브로드웨이 산책이 끝났습니다. 창 밖 길 건너 그릴리 파크에는 사람들이 더 늘어났고, 지하철 입구에서는 더 많은 사람들이 나오고 있습니다.

식은 커피를 마시면서 브로드웨이를 내려다봅니다. 살아있는 뉴욕, 맨해튼 브로드웨이는 이 아침부터 꿈틀거립니다. 브로드웨이는 오늘도 여전히 예술의 향기를 뿜어댈 것입니다.

동무와 다기

동무라는 말이 새삼스럽게 그리워지는 것은 아마도 가끔씩 마음을 쓸쓸하게 만드는 봄비 때문일지도 모른다. 봄비는 이 민자들에게 그리움을 안고 온다. 이런 날이면 가끔 다기 세트를 꺼내어 서툰 솜씨로 다도흉내를 내며 차를 마신다.

차를 마시기 위해서는 찬장 깊숙이 들어가 있는 다기를 꺼내야 한다. 매번 귀찮은 노릇이긴 하지만 차를 그냥 맨 컵에 마시는 것보다 다관에 우려서 찻잔에 따라 마시면 그 느끼는 맛이 다르기 때문이다. 또 하나는 다기를 만지고 입에 대면서 그리운 동무의 따뜻한 마음을 읽게 되기 때문이다.

'동무'라는 말은 어린 날을 생각나게 한다. 사람들마다 어릴 때 동무와의 추억을 갖고 있다. 만나면 재미있게 놀다가 뭔가 틀리면 토닥거리며 싸우고, 헤어지면 보고 싶은 동무. 고무줄놀이, 공기놀이, 땅따먹기 등을 비롯하여 참외나 수박 서리, 조금 더 커서는 학교 반장을 두고 겨루기도 하고, 실습 나온 교생선생이나 담임선생님을 서로 좋아하는 적이 되기도 하고….

그 동무라는 말을 남북한 이념의 전쟁이 앗아가 버렸다. 반공교육이 철저하던 언제부터인가 예쁘고 귀여운 우리들의 '동무'가 사라져 버리고 대신 '친구'라는 말을 많이 쓰게 된 게 아닌가 싶다.

친구라는 단어는 꼭 어른들이나 나이 많은 언니 오빠들이 사용해야 어울리는 말 같다. 나이가 들고 어른이 되어서 친구라는 말을 자연스럽게 쓰면서도 가끔은 동무라는 말을 하고 싶을 때가 있다. 그것은 '친구'보다 더욱 친근감을 갖게 하면서 '동무, 동무, 씨동무!' 하고 노래하던 어린 날의 향수를 자아내게 하기 때문이다.

여고 시절에 만났지만 꼭 어릴 때 만난 동무 같은 친구 하나 있어서 가끔씩 보고 싶어 하며 가슴을 아려한다. 나의 미국 이민으로 인해 만날 수 없었던 정숙. 그녀가 학교에서 공부할 때, 사회생활을 할 때, 아픈 사랑을 할 때 나는 그녀의 가장 친한 친구였고, 상담자이기도 했다. 그녀의 행복과 아픔은 나의 행복과 아픔이 되기도 했다.

정숙은 나보다 전통문화에 일찍 눈을 떠서 그 나이에 서예를 하여 국전에 응모하기도 하고, 결혼한 후 제사 때면 교수를 역임한 남편도 못 쓰는 명정(銘旌)을 써서 시집식구들에게 감동을 주기도 했다.

그녀는 또 다도를 배우더니 어느 공단에서 사감노릇을 하면서 다도를 지도하기도 했다. 나이가 같은 동갑인데도 나는 감히 생각도 못하던 그 시절 그녀는 서예가가 되었고, 더욱이 차인까지 되어 차 마시는 것을 일상화하고 있었다.

그런 그녀가 내가 이민 올 때 '미국에 가면 이런 것이 귀하고 소중하게 될 것'이라며 자기가 사용하던 다기세트를 선물로 준 것이다.

미국 와서 처음 몇 년은 정신없이 사느라 한 번 만져보지도 못하다가 어느 비오는 날 불현듯 그녀가 생각나서 다기를 꺼냈다. 그리고 그녀가 일러준 다도 순서를 기억하면서 차를 우려 마셨다. 그리고는 그냥 찬장에 집어넣고 있다가 그녀가 생각나면 한 번씩 꺼내어 차를 마시곤 했다.

이민생활을 하면서 한가롭게 앉아서 다도를 한다는 건 쉽지 않은 일이다. 그냥 맨 컵에 봉지차를 우려 마시는 게 쉽다. 그러나 나에게 있어서는 예의를 갖춘 다도의 의미보다 동무가 준 다기로 차를 마신다는 게 더 중요했다. 그것은 만날 수 없는 그녀에 대한 그리움이었다.

사노라면 언젠가는 만나리라. 그러나 어쩌면 오랜 세월이 흘러도 만날 수 없을지도 모른다는 생각을 하면서 그녀의 손때가 묻어있는 빈 다기들만 대한 것이 15년이 넘었다. 그랬는데, 최근에 기적같이 그녀와 해후를 했다.

많은 세월이 흘렀는데도 그녀는 여전히 차를 마시고 있었다. 그녀의 집엔 차향이 가득 넘쳤다. 그녀가 주는 차 맛은 예전에 우려주던 차 맛과 똑같았다. 나는 그녀가 따라주는 대로 계속 차를 마셨다. 그것은 "내가 준 다기를 잘 간직하고 있냐? 차는 마시냐?"고 잊지도 않고 물어보는 그녀에게 이민 올 때 준 그녀의 다기선물을 자주 사용하지 못한 것에 대한 미안함도 포함되어 있었다.

요즘엔 자주 다기를 꺼내어 아끼던 작설차 두어 스푼으로 그녀의 다도 흉내를 내고 있다. 그녀의 다기 때문일까. 맛과 향이 그녀가 내는 차 맛을 조금 닮은 것 같아서 좋다. 그녀의 손길이 닿았을 투박한 다기가 정겹다.

다도를 하면서 정신수양을 하고, 인격수양을 하고… 이런 고상한 이유가 아니어도 좋다. 동무가 준 다기로 그냥 차를 마시면서 이민살이를 할 수 있는 여유가 있다는 게 행복하다.

그게 얼마나 마음을 푸근하게 하는지 모른다.

오늘도 그 다기를 꺼내어 지난번 한국서 만났을 때 그녀에게 받아온 녹차를 우린다. 연노란 찻물이 담긴 찻잔에서 그녀가 웃는다. 찻잔에 어린, 그녀의 웃는 얼굴이 담긴 차를 마신다. 그녀의 마음을 닮은 그윽한 차 맛…. 그 한 잔의 차가 이민살이의 외로움을 씻어준다.

동무 정숙이 보고싶다.

"여기는 뉴욕, 정숙아! 밖에는 봄비가 내리고 있고, 지금 나는 차를 마시고 있단다. 이민 올 때 네가 선물로 준 그 다기로."

노랑머리 추억 만들기

머리를 노랗게 물들이고 한국에 나갔더니 사람들이 나보고 미국사람이 됐다고 말한다. 그래서 미국사람 된 적이 딱 한 번 있다. 하이라이트 한 노랑머리 때문이다.

머리 커트만 잘 해도 인상이 달라진다. 퍼머기가 풀어지고, 제때 깎지 못한 머리 때문에 환자처럼 부수수한 얼굴이 살아 있는 단정한 얼굴로 변한다. 파마와 커트뿐 아니라, 나 보다 나이든 분 앞에서 여기저기 생긴 흰 머리카락 보이기가 민망하여 염색도 해야 한다.

머리가 왜 그 모양이냐고 친한 주위 사람들로부터 타박을 들으면서도 미장원에 가는 것이 싫어서 미적거린다. 주중에는 퇴근 후에 시간이 너무 늦어서 안 되고, 주말에는 주말대로 매번 일이 생긴다. 간혹 딸이나 여직원에게 부탁하여 앞머리나 꽁지머리를 가위로 자르게 한다. 그렇게 해서 얼마를 견딘다. 그러다가 퍼머기가 완전히 풀리고 긴 머리가 되어 더는 견디지 못할 정도로 이상해진 머리가 되어서야 어쩔 수 없이 미장원엘 간다.

바쁘게 사는 나로서는 미장원에서 보내는 시간이 공짜로 버리는 시간 같아서 너무 아깝다. 두어 시간 앉아 있으려면 끈질긴 인내가 필요하다. 잘못하여 말 많은 미용사라도 걸리면 더 지겹다.

몇 개월 전, 한국에 나가기 하루 전이다. 후배기자 K가 머리를 멋있게 해주겠다면서 플러싱에 있는 그녀가 잘 아는 Y 미장원엘 데리고 갔다. 퇴근 후에 가서 미장원이 문 닫을 시간이 되었지만 원장은 "신문사와 갤러리 일을 하면 그런 분위기에 맞는 머리를 해야 한다"며 작품하듯 머리를 잘 다듬어서 정성스레 파마를 하고 염색까지 해주었다.

밤늦은 시간 마지막 손질까지 다 끝난 후 미용사가 내미는 거울 속의 나는 훨씬 젊고 예뻐 있었다. 상쾌한 기분으로 "이 머리가 내일까지 그대로 있었으면 좋겠다"고 말하고 미장원을 나와 밤 12시가 지나서 집에 도착했다.

미용사가 손질한 머리가 흐트러질까봐 조심하느라 제대로 깊은 잠도 못자고 아침에 일어나자마자 거울을 들여다봤다. 맙소사! 거울 속의 머리는 미장원에 갈 때마다 주문하는 '젊어 보이고 점잖은 머리'가 아니었다. 젊기는 하되, 머리 색깔이 노란데다가 머리칼 사이사이에 더욱 노란 물이 들어서 이건 점잖은 머리가 아니라 젊은 아이들이나 하는 아주 야한 머리가 되어 있었다. 전날 밤 전깃불 아래에서 머리 색깔을 제대로 보지 못한 것이다.

나는 낯선 다른 사람이 되어 있었다. 거울 속에는 이제껏 이런 머리를 해봐야겠다는 생각은 꿈에도 해본 적이 없는 그런 화려한 여자가 웃음도 울음도 아닌 묘한 표정을 짓고 있었다. 할 수만 있다면 당장 염색한 것을 도로 빼고 싶었다. 이제껏 살아오는 동안 내 생각, 내 일상과는 하등 관계없는 이상한 색깔의 머리가 나의 마음을 혼란시키며 부끄럽고 속상하게 했다.

나는 흰 머리칼이 보이더라도 원래 머리로 돌아가고 싶었다. 염색물이 빠질까 싶어 샴푸를 많이 하여 머리를 여러 번 감았다. 염색이 조금은 빠지는 것 같았지만 말리고 보니 그대로였다. 내 머리를 본 딸아이가 "엄마 머리가 멋있어졌네!" 한다. 세대차이가 있으니 제 눈에는 멋있어 보였는지, 아니면 위로의 말이었는지도 모른다.

찜찜한 마음으로 비행기를 탔다. 비행기 속에서도 머리 때문에 마음은 여전히 편치 않았다. 서울에 도착하여 한 열흘 머무는 동안 아는 사람들을 많이 만나면서 나는 무슨 죄인처럼 서먹해 했다. 그런데 사람들은 나를 보자 활짝 웃으면서 이제 미국사람이 되어서 왔다고 한마디씩 한다. 머리가 노란색이면 미국사람인가. 영어도 잘 못하면서 나는 머리 색깔 때문에 중년이 넘은 나이에 미국사람이 된 것이다.

미국에 살면서 14년 만에 노랑머리 덕분에 미국사람이 된 나는 서울, 대구, 광주, 여주, 청평 등을 휘젓고 다니면서 화가, 교수, 스님, 그리고 목사님도 만났다. 노랑머리 탓에 어른들 앞에서는 죄송한 마음을 가지면서 한국서의 일정을 마치고 뉴욕으로 돌아왔는데, 여전히 노란 머리칼 사이사이에 더 노란 머리칼이 숨어있었다.

미장원에서 내가 거북하면 다시 해주겠노라고 연락이 왔지만 그냥 버티기로 했다. 분위기 있는 멋있는 갤러리 관장을 만들고 싶어한 미장원 원장의 정성을 이해했고, 또 이렇게라도 유행하는 머리를 한 번 해보지 않으면 언제 또 해보겠는가 싶어서였다. 이런 머리로 한국을 휘젓고 다니면서 자신감이 생겼는지도 모른다.

대학에 갓 들어갔을 무렵 아랫도리가 넓은 판탈롱 바지가 유행했었다. 거리에는 온통 판탈롱 바지였다. 어른 아이 할 것 없이 모두가 판탈롱 바지를 입고는 펄렁거리며 다녔다. 그런데도 나는 그 판탈롱 바지를 입어보지 못했다. 여자들이 다리를 펄렁대며 다니는 꼴이 정말 보기 싫더라는 어머니의 절대반대 때문이었다. 소매가 짧은 옷이나 무릎 정도 내려오는 치마도 못 입었으니 유행인 판탈롱 바지를 못 입은 건 당연했다.

하이라이트 한 노랑머리 덕분에 한국에서 미국사람이 되어 뉴욕으로 돌아온 나는 하이라이트는 하지 않지만, 그때와 비슷한 노란색의 머리를 즐겨하고 있다. 내 머리를 보고 색이 아름답다는 친구들에게는 염색약까지 사줘가면서.

누군가가 삶은 여행이라고 말했다. 어쩌면 길 수도, 짧을 수도 있는, 이 살아가는 동안의 여행기간에 판탈롱 바지도 입어보고, 유행하는 하이라이트 머리 한 번 해보는 것도 괜찮을 것 같다. 세월은 흐를 것이고, 먼 훗날 우리들의 잃어버린 시간 속에 판탈롱 바지도, 노랑머리도 한 가닥 추억어린 흔적으로 남을 수 있으니까.

도장, 그 추억의 예술품

한국서 귀중하게 사용하다가 미국에 이민 와서 무용지물이 된 것 가운데 하나가 도장(圖章)이 아닌가 싶다.

책상 서랍을 정리하다가 도장 하나를 발견했다. 미국에 이민 오기 전까지 사용하던 것이다. 한문 이름이 추상화처럼 새겨져 있는, 용이 조각된 도장이다. 언제 이런 것을 썼나 싶게 예전에 도장 찍던 시절이 아슴푸레 다가온다.

제일 처음 내 이름의 도장을 갖게 된 것은 아마도 초등학교 때 단체로 저금통장을 만들기 위해서였던 것 같다. 그때 선생님이 이름을 부르면서 하나씩 나누어주었는데, 아이들이 '와' 하고 함성을 질렀다. 미색의 나무도장을 처음 손에 쥔 순간 어른들만 쓰는 도장을 갖게 되었다는 그 기쁨에서였다. 주황색 인주에 도장을 꾹꾹 찍었다가 종이에 누르면 이름이 선명하게 찍히는 것을 보고 얼마나 신기해했는지 모른다.

도장밥이 없으면 입김으로 호호 불어가면서 찍곤 하던 도장. 그렇게 도장을 찍던 추억을 우리 모두 간직하고 있을 것이다.

살아가는 동안 우리는 얼마나 많은 도장 찍기를 했을까. 집을 사고 팔 때, 이력서를 쓸 때, 입사를 할 때, 은행서 돈을 찾을 때, 혼인신고를 할 때(아마 이혼을 할 때에도 쓸 것이다), 심지어는 학교에 입학할 때에도 이름을 쓰고 그 옆에 도장을 찍는 게 당연한 일이어서 한국서는 누구라도 갖고 있어야 할 필수품이었다. 도장이 필요한 업무를 보러 갔을 때 잊어버리고 그냥 가면 인근 도장집에서 막도장을 파서까지 사용해야 했다. 그래서 사람들마다 도장을 몇 개씩 지니고 있게 마련이다. 나도 그랬다.

그런 도장을 미국에 이민 오기 위해서 서류를 준비할 때 마지막으로 찍어봤을까. 그 도장을 미국에 와서는 한 번도 사용하지 않았다. 사용할 일이 없었다. 도장 대신 볼펜이나 만년필로 사인을 하니까 도장 자체가 필요 없었다.

도장은 나무, 뿔, 돌로 만들어진다. 값이 싼 나무로 만든 막도장부터 값이 좀 나가는 상아나 물소 뿔, 비취, 옥, 사금석 등 여러 종류가 있다. 도장을 만드는 재료도 다양하지만 모양도 용, 잉어, 호랑이, 십장생 등을 조각한 훌륭한 예술적 품격을 지닌 도장도 있다.

나도 한글로 판 나무 막도장부터 한문으로 새긴 용 도장, 엷은 미색의 상아도장, 옥도장 등을 갖고 있다. 사인으로 통하는 미국사회에서 도장은 그냥 예전에 썼던 흔적이거나 그냥 보기만 하는 물건일 따름이다. 가끔 한국에 나갈 때 무슨 서류에 도장을 찍는 사람들을 보면 나도 저럴 때가 있었나 싶게 생소하다.

미국에 살면서 도장은 쓸 곳이 없는데, 서예가들이 작품 말미 이름 밑에 찍는 낙관은 한국서와 똑같이 사용하고 있다. 원로 서예가들과 친하게 지내면서 그들이 모으고 있는 낙관을 얻기도 했고, 해외여행 때 사다줘서 선물로 받은 적도 있다. 서예를 하지 않는 나는 그것들을 한 번도 사용하지 못하고 그냥 간직하고 있지만 그림이나 조각처럼 보기만 해도 좋다.

만약에 내가 지금까지 한국에 살고 있었다면 도장 모으는 것을 취미로 했을지도 모른다. 한글이든 한문이든 작은 둥근 공간 속에 글체에 따라 그림처럼 달라지는 이름모양이 신기했다. 그래서 내 이름을 여러 글씨체로 판 적이 있다.

글씨체에만 관심을 갖다가 어느 날 누군가가 조각된 도장을 가진 것을 보았다. 밋밋한 도장만 몇 개 갖고 있던 나는 그런 도장을 하나 갖고 싶었다. 그래서 당시로서는 거금을 들여서 용이 새겨진 도장을 사서 이름을 팠는데, 시간이 지날수록 그 도장이 자꾸만 좋아졌다. 꿈틀거리며 하늘로 승천하는 용이 조각된 도장, 그것은 예술품이었다. 그 도장을 매우 아끼며 중요한 곳에만 썼는데, 나를 따라 미국까지 이민 와서는 이렇게 오랫동안 책상서랍에 갇혀있다.

앞으로 한국에 돌아가지 않고 이곳에 내내 산다면, 예전에 아끼면서 귀하게 여겼던 이 도장은 도장이 아닐 게다. 한 번이라도 쓸 일이 없을 테니까. 그저 예전에 내가 쓰던 것이었다는 흔적만 남을 것이다. 그러다가 챙기지 않으면 없어질 지도 모를 일이다.

문화가 다른 나라에 이민 와서 살다보니 이런 것이 제일 마음 아프다.

단군신화에 환웅이 세상에 내려올 때 환인으로부터 세 개를 받았다는 천부인(天符印)이 우리나라 도장의 역사라는 말도 있다. 신화든 사실이든 우리의 도장도 이곳에선 무용지물일 뿐이니 미국에 오래 살다 보면 도장에 얽힌 내 나라의 신화가 묻히고 역사가 묻히는 건 아닌지 모르겠다.

이래저래 세상이 바뀌었다는 것을 또 한 번 실감한다. 한때 나를 대표했던 도장이 20년 넘은 세월이 흐르는 것도 모르고 책상서랍 속에 갇혀 있으니. 더구나 훗날 미국에 사는 우리 아이들이 이 도장을 어찌 알 수 있으랴.

이제는 추억 속의 예술품일 뿐인 도장을 보면서 나의 청춘이, 우리들의 삶이, 한 시대가 세월 속에 묻혀버리는 것만 같아서 안타깝다.

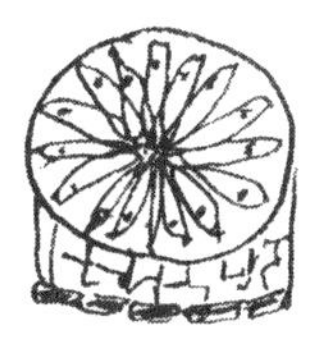

보이차 이야기

천자만홍(千紫萬紅), 녹음방초(綠陰芳草)의 길목이다. 고운 색깔의 옷을 입은 꽃들과 연초록의 나무와 풀들이 아름답다. 자연은 참으로 오묘하다.

사람이 내는 욕심은 털끝만치도 없는 자연. 그 자연을 닮고 싶어서, 그간 세상 먼지 뒤집어 쓴 마음을 조금치나마 순화시키고자 차를 열심히 마셨다. 차의 색과 향을 음미하면서 마음 비우기를 배우고 있는 터이다. 차를 우려 마신 후 남는 잎이 아까워 초고추장에 찍어먹거나 나물로 무쳐먹기까지 했다. 그렇게 차 마시기를 즐기고 있다. 전부 한국의 지인이 보냈거나 한국방문 때 사온 지리산 수제차 우전이다.

이렇게 한국 차만 마셔왔는데, 최근에 엉뚱한 바람이 들었다. 지난번 한국에 나갔을 때 경주의 동국대 교수인 화가 김호연씨를 만났다. 그는 뉴욕 주립대학서 교환교수로 와 있었고, 스페이스 월드에서 작품을 전시한 바 있다. 김교수가 나를 데리고 간 곳은 부인 이지은씨가 운영하는 전통 찻집 '능포다원(陵浦茶園)'이다.

능포다원은 부인이 사람 좋은 남편 김교수가 매일 데리고 오는 손님들 뒷바라지로 긴 세월 힘들게 살면서 아이 학교 데려다 줄 때 틈틈이 배운 다도가 고도 경주의 한가운데에 옛 정서를 가득 담은 전통찻집을 내게 했다. 남편은 반대를 했는데, 반대하는 남편의 친구들이 찻집을 내도록 적극 도와줬다고 한다.

자그마한 옛 한옥에 꾸민 찻집은 예뻤다. 빌딩들 사이에 숨은 듯 앉아 있는 아주 작은 이 찻집은 너무 오래되고 낡아서 헐릴 뻔한 것을 한양대 조세 환교수의 조경, 건축가 손병문씨, 그리고 화가인 남편 김교수의 인테리어로 꾸민 합작 예술품이다.

찻집으로 들어가는 입구는 대나무가 둘러져 있고 작은 연못과 평상이 있는 정원으로 꾸몄다. 작은 세 개의 방은 고가구와 함께 김교수의 작품이 벽 여기 저기 걸려 있고, 방바닥에는 통나무로 만든 차상 하나에 다기들이 놓여있다. 진열장에는 많은 종류의 차들과 다기들이 나열되어 있고.

찻집 주인 이지은씨가 내온 차는 발효차인 중국의 보이차다. 그녀는 복부의 지방을 분해하며 몸을 덥게 해주는 역할의 이 차가 뚱뚱해져 가는 나에게 딱 좋은 차라고 말한다. 김교수가 아주 오랫동안 이 보이차를 마셔서인지 매일 술을 마셔도 끄떡없다고 덧붙인다. 직접 담갔다는 매실차와 대추차, 화전, 김부각의 맛도 보여주면서 나에게 한 열 잔도 넘게 보이차를 마시게 하더니 손바닥 서너 개는 됨직한 크기의 둥근 보이차 덩어리 하나를 싸준다. 1년은 마실 터이니, 이 차를 다 마시면 배가 쑥 들어갈 것이라며.

도자기나 가구를 봐도 중국의 것에는 친근감을 갖지 못했었다. 차도 마찬가지였다. 사람들이 중국의 보이차가 몸에 그렇게 좋다는 말을 했어도 별 관심을 갖지 않았다. 그랬는데 느닷없이 중국차라니…. 그녀는 차를 타거나 출퇴근 중에도 마시라면서 보이차를 우리기도 하고 간수도 할 수 있는 보온병까지 정성껏 싸주었다.

나는 그녀의 그 정성과 함께 살이 빠진다는 유혹에 그냥 넘어가기로 했다. 그들 부부가 나의 건강을 위해 떼어 맡기듯 싸준 그것들을 갖고 뉴욕으로 온 나는 이왕 보이차를 마실 바에는 꼭 갖고 다니면서만 마실 게 뭐 있냐, 집에서나 사무실에서도 우려 마셔야지, 하면서 보이차 다기를 갖고 싶은 욕심이 슬며시 생겼다.

누가 이런 말을 했다. 다도가 붐이 일어나면서 자신도 다도를 배우고 차를 마시게 됐단다. 그런데 다도에 매력을 느끼고 점점 깊이 들어가자 이 차가 좋다, 저 차가 좋다 하면서 여러 종류의 비싼 차를 사게 되고 다기도 좋은 것에만 눈길이 가면서 자꾸 사들이게 되더란다. 결국에 다도를 하면서 돈을 많이 쓰게 됐다는 얘기다. 아마 나도 그렇게 될 조짐이다. 꼭 예전에 고미술에 잠시 빠져 있었던 때와 흡사하지 않을까 싶다.

보이차의 다관을 자사호(紫沙壺)라 하던가. 일반차의 다관과 다르게 특수제작이 됐다 하니 보이차를 마시려면 그 다관이 필요하다. 인사동 보이차 전문 집을 기웃거렸다. 앙증맞게 생긴 황토색 다관이 보인다. 저 다관을 하나 사리라 마음먹고 있는데, 35년쯤 전인가 신문사에 함께 근무하던 K씨가 나타났다. 나의 이야기를 들은 그가 소슬다원으로 데려가더니 가장 초보적인 보이차 다기세트를 안겨준다.

차 전문가로서 사업을 하고 있는 집주인 오영순씨가 차에 대한 이야기를 하면서 천량차를 비롯하여 20년 된 맹해청병, 18년 된 하관차장 행차, 11년 된 봉경차장과 이무차 등 여러 종류의 보이차를 맛보게 해줬다. 화장실을 몇 번씩 들락거리며 그녀가 주는 대로 보이차를 받아 마시면서 보이차 공부를 한 것이다. 처음 만난 그녀에게 친근함이 느껴졌다. 돈으로 따지면 꽤 많은 값의 차를 마셨을 것이다. 약간씩 다른 맛의 보이차를 마시면서 나는 뜻하지 않게도 서서히 중국차도 마시는 사람으로 되어갔나.

뉴욕에 돌아온 후에 나는 먼저 보이차를 우려 마셨다. 기름기를 많이 먹는 중국인들이 몸의 지방을 제거하는데 최적의 차로 사용한다는 보이차. 나는 그 차를 살을 빼는 약쯤으로 여기며 열심히 마셨다. 내가 항시 마시는, 마음을 잔잔하게 해주고 향과 맛을 즐기면서 나만의 세계를 만들어주는 우리 녹차와는 아주 다른 향과 맛인데도.

정말 이 손바닥 서너 개 크기의 보이차를 1년쯤 마시고 나면 나의 헛살이 좀 빠질까.

삶과 죽음의 모래성

해변의 모래가 밀가루 같이 부드럽다. 꼭 체로 친 것 같이 부드러운 모래밭을 맨발로 걷는다. 발바닥에 느끼는 감촉이 좋다.

해가 뉘엿뉘엿 넘어가면서 수평선에서 붉은 노을이 탄다. 하늘과 바다가 붉게 물든다. 해변의 사람들이 하나 둘 떠난다.

모래밭은 빈 콜라병과 맥주병, 종잇조각들이 어지럽게 뒹군다. 바다를 배경으로 아이들이 만든 모래성이 여기저기 있다.

아직도 낙조의 바다를 두고 떠나지 못한 사람들이 모래를 밟으면서 석양의 아름다운 바다를 맘껏 사랑한다.

내가 앉은 바로 앞에 초등학교 1학년쯤 되어 보이는 미국

여자아이가 모래성을 열심히 쌓는다. 쌓았다가 부수고 쌓았다가 부수고 하더니 제법 그럴 듯한 모래성이 완성되자 엄마를 불러 자랑한다. 비키니를 입은 노랑머리의 엄마가 딸아이가 만든 모래성을 보고는 환하게 웃으며 '원더풀!'을 연발한다.

멀리 지는 해와 어우러져 하늘과 바다를 붉게 수놓은 수평선이 아름다운 수채화 같다. 저 수평선 너머에는 더 아름다운 세계가 있을 것이라는 생각을 하는 순간 아이의 울음소리가 들린다. 한 젊은 커플이 수평선의 아름다움에 취해 걷다가 아이가 만든 모래성을 보지 못하고 밟은 모양이다. 모래성이 허물어져 버렸다. 밟혀서 허무하게 부서져 버린 모래성. 그 속에는 엄마, 아빠가 아이와 함께 노는 모습도 있었는데…. 집도 부서지고, 가족 모두가 발에 밟혀 흩어져 버렸다. 아이가 더욱 크게 운다.

모래성을 밟은 젊은 남자가 같이 걷던 여자 귀에다 뭐라고 소곤대더니 아이에게 미안하다고 몇 번을 사과한 후 허물어진 모래성 앞에 앉는다. 그리고 모래성을 쌓는다. 아이의 가족도 함께 거들어서 원래 아이가 만든 모래성과 비슷하게 만들어 놓는다. 젊은이는 잠깐 사이에 부서진 집을 다시 짓고 죽은 가족을 살려놓았다. 아이가 환하게 웃는다. 아이의 엄마도 젊은 커플도 활짝 웃는다.

아, 사람도 저렇게 살릴 수만 있다면 얼마나 좋을까.

사람들은 매일 죽는 연습을 한다. 하루에 대여섯 시간을 자면서, TV나 영화를 보면서, 이웃 친척 부모형제의 죽음을 겪으면서.

TV채널을 돌리면 같은 시간대인데도 절반 이상이 교통사고나 총기에 맞거나 아파서 죽는 프로가 방영된다. 시인이 죽음을 시로 쓰고, 소설가가 죽음을 소설로 쓰고, 성악가와 가수가 죽음을 노래하고, 화가가 죽음을 화폭에 담고…. 그리고 또 세상을 비관하여 생으로 목숨을 끊는 사람도 있다.

죽음이 예사인 세상이다. 백화점이 무너지고, 버스가 구르고, 비행기가 추락하고, 배가 침몰하고…. 이런 사고가 나면 한꺼번에 많은 사람들이 순식간에 죽기도 한다.

사람들은 그렇게 죽는 연습을 많이 하면서도 죽음 앞에서 두려워한다. 죽음의 세계에 대해 무지해서 그렇고, 죽음을 이길 수가 없어서 그렇다. 영혼의 세계를 믿는 사람들도 그렇다. 아마도 육신을 쓰고 살아오면서 못다 한 일들을 남기고 가야하기 때문일 것이고, 또 이제껏 잘못 살아온 죄악감 때문이기도 할 것이다. 그리고 어쩌면 가장 큰 이유는 사랑하는 사람들과 헤어져야 하기 때문일지도 모른다.

그래서 행복하게 산 사람이거나 불행하게 살아온 사람이거나 죽음 앞에서는 초조해진다. 죽음을 뛰어 넘을 수는 없을까. 삶과 죽음은 손바닥 뒤집기와 같다는데.

아주 친한 화가 한 분이 암을 앓고 있어서 가슴이 아프다. 병원에서도 손을 쓸 수 없는 막바지까지 와서 속수무책 이 땅을 떠날 날만을 기다리고 있다. 그래서 매일 우울하다. 그녀를 낫게 해달라고 기도한다. 그녀에게 기적이라도 일어나게 해달라고 빈다. 정말 기적이라는 게 있어서 그녀를 살릴 수만 있으면 얼마나 좋을까. 그러면 예전처럼 함께 맨해튼을 휩쓸고 다닐 텐데. 갤러리로, 미술관으로, 카페로, 우리 둘 다 좋아하는 순두부 집으로….

김나 선생님은 오랫동안 친구였고, 선배였고, 스승이었다. 뉴욕의 많은 화가 중에 가장 부지런하게 열심히 살았던 분이다. 누구에게라도 나쁜 소리나 싫은 소리 한마디 하지 않고 좋게만 살아온 분, 약속을 잘 지키던 분, 항상 원칙이 최우선이었던 분이다. 우리는 그녀를 천사라 불렀다. 그런 그녀가 어느 날 갑자기 아파하더니 뇌암 선고를 받은 것이다.

그렇게 착한 천사가 암에 걸리다니, 그녀와 친한 사람들 모두가 같이 아파했다.

그녀는 사랑하는 남편과 오래오래 함께 있고 싶었을 것이다. 항상 밝고 아름다운 색채의 그림만 그리던 그녀는 더 좋은 그림을 많이 그리고 싶었을 것이다.

그녀는 E여대 미술대학의 첫 미국유학생이었다. 변할 수 없는 그 타이틀 때문만은 아니어도 그녀는 해마다 늘어나는 후배 유학생과 후배 화가들의 지팡이였다. 뉴욕의 모든 화가들의 친구였고 언니였다. 누구보다도 열심히 살아왔기 때문에 존경받았던 그녀에게 그 몹쓸 암덩어리가 머릿속에 숨어있었다니, 영 믿을 수가 없었다.

아직도 무슨 은근한 비밀얘기 하듯 "나, 암이래. 이제 얼마 못 산다. 당신 볼 날도 얼마 남지 않았어." 하고 소곤거리던 그녀의 말이 거짓말 같았다. 나에게 농담을 한 건 아닐까. 나를 놀리려고, 내가 당신을 얼마나 좋아하는지 시험하려고 그런 말을 한 건 아닐까.

당신은 당신을 좋아하는 사람들을 위해 아름다운 그림을 더 많이 그려야 한다. 이제껏 그려왔던 것처럼, 당신 마음처럼 아름다운 그림을 자꾸 그려야 한다. 그래서 당신을 사랑하고, 당신이 사랑한 사람들에게 변함없는 당신의 모습으로 서 있어야 한다. 그리고 저렇게 아름다운 수평선 너머에는 더 아름다운 세상이 있다는 것도 보여줘야 한다.

사람들이 빠져나간 해변가 모래밭에는 아이들이 만든 모래성만 그대로 서 있다. 아까 밟혔다가 다시 만든 모래성은 더 튼튼하게 보인다. 다시 살린 엄마, 아빠, 아이도 그대로다.

사람의 목숨도 모래사람처럼 다시 살릴 수만 있다면 얼마나 좋을까. 그러면 내 좋아하는 그녀를 떠나지 않게 붙잡을 수 있을 텐데….

2.

지구촌 풍물시장

프리마켓에서 만난 한국 인형

인형은 없었다. 누군가가 사간 모양이다. 누가 샀을까?

프리마켓(Flea Market) 은 날씨가 더운데도 사람들로 붐볐다. 화씨 90도가 넘는 뜨거운 열기와 각 인종이 뿜어내는 사람의 열기, 그리고 좌판에 놓인 일체의 물건들이 모음이 되어 함께 들끓었다.

사람들을 헤집고 좌판을 이리저리 살폈다. 자리를 옮겨놨을까 싶어서 자세히 살폈지만 인형은 보이지 않았다. 팔린 게 틀림없다. 누가 사갔을까? 교포가? 다른 나라 사람이? 궁금하다.

맨해튼 25가 6애브뉴를 중심한 두 블록은 야외 파킹장과 지하 파킹장, 그리고 몇 개의 빌딩이 주말 프리마켓이다. 내가 뉴욕에 온 22년 전에도 이곳은 프리마켓 동네였다. 어쩌면 내가 오기 그 훨씬 오래전부터 있었을 것이다.

이곳은 나에게 자주 별천지다. 별천지가 새 울고 꽃 피고 물 흐르는 산 속에만 있는 게 아니라 이렇게 빌딩이 하늘을 가리고, 차가 지나다니고, 먼지가 하얗게 날리는 맨해튼의 한가운데도 될 수 있다는 것을 이 프리마켓에서 알았다.

뉴욕이 인종 전시장이듯이 주말마다 열리는 프리마켓은 '메이드 인 유 에스 에이'부터 일본, 러시아, 영국, 차이나, 홍콩, 인도, 스리랑카…. 그리고 더 많은 나라에서 흘러 들어온 그 나라의 오만 가지 생활용품들이 널려있는 지구촌 풍물 전시장이다.

집에 있으면 벌써 버렸을 만큼 한쪽이 깨졌거나 찢어졌거나 녹이 슬어있는 것들부터 고가의 골동품까지 좌판에 앉아 있는 곳. 각기 다른 인종의 사람들이 만들어서 쓰던 것들, 어쩌면 거의가 이 세상 사람이 아닐지도 모르는 사람들이 만들고 쓰던 것들이 흘러간 세월의 흔적을 보여준다. 헌옷, 가구, 잡지, 흑백사진, 가방, 액세서리, 사진기, 인형, 구두, 팸플릿, 열쇠, 스푼, 밥그릇…. 그리고 해골도 있다. 언제 죽었는지도 모르는, 죽어서 땅에 묻히지도 못하고 사람들의 구경거리가 되고 있는 누군가의 해골….

나는 뉴욕서 강산이 두 번 변한 세월을 살면서, 한국을 자주 가는데도 한국을 그리워한다. 그러나 요즈음은 말로 인한 상처를 받지 않아도 되는 다른 나라 사람들을 알면서 그들의 문화에 매력을 느끼고 그 문화 속에 파묻히고 있는 중이다.

맨해튼의 프리마켓은 바로 그런 곳이다. 좌판을 벌인 주인도 피부가 희거나 검거나 누런 사람들이고, 구경을 하거나 물건을 사는 사람들도 피부색이 다 다르다. 백인이라고 백인 물건만 판다거나 흑인이라고 흑인물건만 파는 게 아니다.

일본의 사무라이가 쓰던 긴 칼도 만져볼 수 있고, 수십 명의 이름이 적힌 2차 대전 때 패망의 흔적인 피 묻은 일장기도 볼 수 있다. 누군가가 손가락에 끼었던 옛 골동 반지도 한 번 껴볼 수 있고, 인도에서 만든 목만 남은 부처님도 만난다. 어느 미국화가가 30년 전에 스케치 북에 그린 드로잉도 볼 수 있고, 중국산 골동 벼루와 붓을 보고 감탄을 하기도 한다. 그리고 어쩌다가 한국의 옛 가구, 조선시대 도자기, 그리고 일제시대 때의 놋그릇도 본다.

처음엔 닳거나 깨져서 보기도 싫은 것을 좌판에 벌여놓은 것을 보고 미국에 사는 사람들은 이런 것도 다 사간다고 희한해 하기도 했다. 그러나 지금은 나도 그들처럼 즐기고 있는 것이다. 가끔 내 취미에 맞는 것을 헐값에 사기도 하면서 프리마켓 단골이 되고 있다. 조선시대의 작은 경대, 모래시계, 대리석 거북이, 나무로 만든 새, 조선시대의 갓… 그런 소품들을 내 것으로 만들기도 한다. 조선시대 경대가 어찌 이곳까지 흘러왔을까, 조선의 갓이 어떻게… 그러면서 프리마켓이 내 곁으로 점점 다가온다.

지난 주말, 아스팔트도 녹아버릴 것 같은 더운 날씨인데도 땀 흘리면서 프리마켓으로 달렸다. 어느 부스의 눈높이 선반에 화려한 한복을 입은 인형이 있었다. 세계 어느 구석에 갔다 놔도 대번에 우리의 것임을 알게 하는 한국 인형이 영국산 도자기 화병과 비너스상, 도자기로 만든 돼지 조각품, 포대화상, 그리고 크리스털 컵 등과 함께 나란히 앉아 있었다. 남색 갑사 치마와 주황색 저고리를 입은 기생, 진한 주홍치마에 노랑 저고리를 입은 아기씨, 그리고 수가 놓인 연분홍 치마저고리를 입은 마나님, 그것들은 내 집 장식장 위에 있는 인형들과 크기와 모양이 비슷했다.

이런 인형이 어떻게 여기까지 왔을까. 옆의 것들과는 어울리지도 않게 표가 나는 화려한 색깔의 작은 한국 인형들이 마음을 우울하게 했다. 10여 년 전 한국 입양아 가족들의 모임에서 코 흘리는 우리의 아이들이 미국인 양부모 품에서 울고 있거나 기저귀를 차고 우유병을 빨고 있는 모습을 보고 가슴이 울컥해지면서 눈물을 흘렸던 때의 마음과 비슷한 감정이 일었다.

다른 것이었다면 값이라도 물어봤을 텐데, 그럴 마음도 나지 않아서 사진만 몇 장 찍고 그곳을 떠났다. 괜히 씁쓸했다. 인형이나 가구나 뭐가 다른가. 다 우리의 것인데…. 그런데도 인형을 보는 마음은 우울했다. 어느 이민 온 가정이 이사를 가면서 버렸을까, 누군가에게 선물 받았다가 버린 것을 주워다 파는 것일까. 인형인데, 생명 있는 사람처럼, 입양아처럼 생각되어지는 것은 왜인지 모르겠다.

한 주일간 궁금했다. 그 인형들이 아직도 거기에 있으면, 그들 친구가 있는 우리 집으로 데려올까 싶어서 주말에 프리마켓을 찾은 것이다. 그러나 그 자리엔 어느 나라 것인지 모르는 요상하게 생긴 유리화병이 놓여있을 뿐, 인형은 보이지 않았다. 나는 허전했다. 지난번에 사지 않은 것을 후회했다. 오래된 골동품도 아니고, 한국에 나가면 쉽고 싸게 살 수 있는 인형들인데, 누구의 집에 입양을 한 것 같아서 그냥 안쓰러운 마음이 든 것이다.

인형이 있던 자리를 한참 쳐다보는 나에게, 가게 주인이 지난주에 사진을 찍던 나를 기억하는지, "코리아, 노, 노" 한다.

아마 한국인형을 팔아서 없다는 뜻일 게다.

집에 와서 장식장 위의 인형들에게 “너희 친구 데려 오려고 했는데, 놓쳐버렸다”고 말하고 한 번씩 만져줬다. 프리마켓에서 다른 나라의 것들과 함께 서 있었던 인형들이 어디로 갔는지 궁금해 하면서.

청옷 입은 아이들

백화점이나 옷가게 쇼윈도를 지나면 곧 계절이 바뀌고 있음을 안다. 계절을 앞당겨 새로운 패션의 옷들을 내놓기 때문이다. 일부러 백화점 안에 들어가지 않더라도 길을 가면서 쇼윈도에 진열된 옷들을 보는 것도 기분이 괜찮다.

'좀 더 젊었더라면 저 옷을 입을 수 있을 텐데' '저런 것은 거저 줘도 못 입을 옷들' 등을 가려내고 결정한다. 그러다가 청바지를 입고 흰 티셔츠 위에 청자켓을 걸치고 청모자를 쓴 네댓 살쯤의 사내아이 마네킹 세 명이 포즈를 취하고 있는 모습을 보고는 발길을 멈춘다. 너무 귀여워서 껴안아주고 싶은 아이들…. 마네킹은 내 아이들의 어릴 때 모습과 너무 닮아 있었다.

첫아이 때부터 아이를 가질 때마다 배가 불러서까지 사무실에 나가던 나는 아이 키우는 어려움을 많이 겪지 않았다. 아이 셋을 낳아 웬만큼 클 때까지 친정어머니가 돌봐주셨기 때문이다. 그러나 가끔 휴일에 아이들을 데리고 공원이나 동네 놀이터를 가노라면 두 살 터울의 아이들의 마음을 맞춰서 함께 놀아주기란 여간 쉬운 게 아니었다.

어려서도 큰아이는 제 또래 아이들보다는 진중한 데가 있어 동생들을 잘 봐주는 터에 좀 수월하기는 했지만 고만고만한 아이 셋과의 나들이는 집에 돌아온 후에 영락없이 녹초가 되곤 했다. 그래도 다른 엄마들처럼 하루 종일 같이 있어주지 못했기 때문에 그 하루라도 열심히 놀아주면서 아이들에게 점수를 따야 한다.

하루는 백화점에 갔다가 귀엽게 보이는 청옷이 있어서 큰아이에게 사 입혔다. 둘째와 셋째가 난리가 났다. 왜 언니만 사주냐, 왜 큰누나만 사주냐고 항의를 하면서 울어댔다. 할 수 없이 거금을 쓰고 세 명 똑같이 사 입혔다. 그 당시만 해도 청옷이 대중화 되지 않을 때였다.

청옷을 입은 세 아이는 신이 났다. 아이들은 청옷만 입고 싶어 했다. 거리에 나가거나 공원, 놀이터에 갈 때마다 인기였다. 얼굴이 둥그레 비슷하게 생긴 아이 셋이 청옷을 똑같이 입은 모습을 보고 사람들이 귀여워 죽겠단다. 모두들 한 번씩 안아주기도 하고, 볼에 뽀뽀를 해 주면서 귀여워했다.

여의도 광장에 자전거를 빌려서 타는 곳이 있었다. 아이들은 그곳에서 자전거 타기를 몹시 좋아하여 주말이면 데려가곤 했다. 그때도 아이들 셋은 똑 같이 청옷을 입고 자전거를 타면서 즐거워했고, 아이들을 데리고 나온 어른들이나 언니 오빠 누나들에게 인기를 모았다.

때가 잘 타지도 않고 해지지도 않는 이 청옷을 아이들은 즐겨 입었다. 그런데 아무리 빨아도, 몇 해가 지나도 옷은 그대로 있는데, 아이들은 잘도 커서 옷들이 다 작아졌다. 큰 애 옷을 둘째가 물려 입고, 막내가 둘째의 옷을 물려 입었다. 그리고 얼마 후에는 둘째가 입은 옷을 막내가 입더니 나중에는 막내도 작아서 못 입게 됐다.

아이들이 자라서 큰 애들이 입는 청옷을 사 입혔지만 어릴 때처럼 귀엽지 않았고, 아이들도 청옷에 애착이 덜 가는 듯했다.

작은 옷들은 모아서 이웃이나 교회의 아이들에게 주곤 했는데, 이 청옷은 그대로 간직했다가 이민 올 때 가져왔다. 남의 나라에 살러간다니까 그랬겠지만, 그 이민 간다는 게 왜 그리도 서글펐는지, 언제 다시 올까 싶어 고이 간직했던 아이들 배내옷까지 보자기에 싸서 이민가방에 넣고 올 정도였다.

미국 와서 처음 얼마까지는 정신없이 바쁘게 살면서 아이들 어릴 때 입던 옷들을 챙기지 못하고 그냥 이민가방에 넣어두고 살았다. 몇 년 후에 내 집을 마련하고는 짐을 풀면서 그동안 잊어버렸던 이 옷들을 꺼내어 서랍 한 쪽에 넣었다가 몇 해가 지나서 청옷을 입으면 잘 어울릴 것 같은 어린 아이들이 있는 친구에게 줬다.

그러나 청옷이 흔해빠진 이 미국에 살면서 한국서 입던 헌 옷을 누가 그리 애틋하게 입겠는가를 생각한 것은 그 아이들이 내가 준 청옷을 입지 않는다는 것을 알고 나서였다. 나는 그들에게 준 청옷을 다시 달라고 할 수도 없으면서 두고 두고 준 것을 후회했다. 내 아이들 어릴 때의 흔적을 차라리 그냥 놔뒀더라면 얼마나 좋았을까 하고.

그것도 벌써 10년도 훨씬 지난 일이고, 이젠 결혼을 했거나 대학을 졸업한 세 아이 중 누구 하나라도 어릴 때의 그 청옷을 기억하고 있을는지 모를 일이다. 간혹 예전에 찍은 사진 속에서 청옷을 입고 뽐내는 어린 아이의 앙증스런 모습이 귀여워서 웃곤 하지만.

쇼윈도 속에 청옷을 입고 서 있는 작은 마네킹들이 이제는 성장하여 각기 흩어져 지내는 아이들의 어린 날들을 떠오르게 한다.

다시 옛날로 돌아갈 수는 없을까. 귀여웠던 세 아이들의 그때 모습이 보고 싶다.

슬픈 상속 이야기

"우리 아들이 맨해튼에 있는 컴퓨터 회사에 취직을 했어요. 집에서 출퇴근하기 너무 멀어서 회사 근처에 콘도 하나를 사줬어요. 원베드룸인데 혼자 살기 좋겠더라구요. 결혼하면 둘이 살아도 되겠고."

"아직 결혼도 안했는데, 아파트를 사줘요?"

"미리 사줬어요. 어차피 아파트 하나쯤은 남겨줘야겠다고 생각한 거라서."

"그럼 재산상속 해준거네? 너무 일찍 해준 거 아녜요? 상속 일찍 해주면 자식들이 나중에 부모가 늙고 병들어도 찾아오지 않는대요. 그래서 집이든 돈이든 꽉 움켜쥐고 있다가 죽을 때 내 놔야 돼요. 자식새끼들이 그거 받으려고 한 번씩 찾아온답디다."

"그것도 자식이 많으면 서로 경쟁하듯 온대요. 아들, 며느리 손자 할 것 없이. 그런데 받아먹을 거 꿀꺽 하고는 발을 딱 끊는다잖아요. 그래서 어떤 어머니는 손자들 보고 싶어 울기도 한답디다. 미국에 와서 실컷 고생하며 저희들 키우고 공부시켜놨더니, 재산 받고는 나 몰라라 하는 거죠. 그래서 재산 일찍 주면 안 된다는 거예요."

"설마, 내 아들이 그렇게 하겠어요?"

"설마가 사람 잡는 거 모르세요? 아, 그 우리 몇 해 선배있죠? 예전에 브로드웨이에서 액세서리 도매하던 이, 돈 꽤 많이 모았잖아요? 여기 저기 행사에 후원도 많이 했던 양반인데, 자식들 다 공부시켜 좋은데 취직하고, 사업도 하고, 손자도 여럿 있어요. 그 선배가 남편 죽고 아파트에 혼자 사는데, 자식들이 아무도 안 와본답디다. 글쎄 남편 돌아간 후 자식들에게 재산을 다 나눠줬대요. 사업체까지 물려주고."

"그거 잘못 준 거지. 지금 그 돈 갖고 있으면 얼마나 떵떵거리고 잘 살겠어요. 자식들도 잘 보이려고 자주 찾아올 거구. 그러면 외롭지도 않을 텐데."

"우리 아이들도 내 눈치를 보는 모양인데, 난 어림없어요. 내가 왜 그 꼴을 당해요. 이렇게 남의 나라에 와서 고생하다가 늙어가는 것도 서러운데. 누구 때문에 이렇게 고생했는데!"

"어떤 부모는 한꺼번에 주지 않고 갈라서 주기도 한대죠?"

오랜만에 지인들과 맨해튼 32가 식당에서 저녁을 먹는데, 바로 옆자리에 5, 60대 부인 세 명이 식사를 하면서 하는 얘기다. 미국에 이민 와서 사는 한인 부모와 자녀간의 재산상속 문제는 이렇듯 심심찮게 많은 얘기를 남긴다.

원래 유산 상속이란 돌아가신 부모님이나 가족이 남겨놓은 재산을 이어받는 것을 말한다. 예전에는 대부분이 유언이나 유서로 상속을 알렸지만, 근래에 와서는 자녀들의 생활을 돕기 위해 부모생전에 재산을 미리 상속해주는 경우가 많다. 대개 사업자금을 대주거나 사업체를 물려주는 것, 집이나 아파트를 사주는 것, 돈을 물려주는 것 등이다.

자녀들 모두가 다 그렇게 미리 재산을 받고 부모를 몰라라 하는 건 아니다. 이민생활을 하다보면 바빠서 부모님을 자주 찾아뵙지 못하는 경우가 많을 것이다. 그러나 얼마나 자식의 행태가 미웠으면 자식이 있는데도 불구하고 키우던 개에게 재산을 물려주는 일도 있겠는가. 물론 한인 가정의 일은 아니지만.

업스테이트 뉴욕에 사는 L씨가 최근에 들려준 얘기는 이민

가정의 또 다른 아픔을 준다. 혼자 사는 한 아버지가 70만 달러 시가의 집이 있었다. 아들이 사업을 하겠다고 그 집을 팔아서 달라고 했지만 아버지는 아들에게 주지 않고 그냥 갖고 있었다. 어쩌면 위의 그 여인 같은 처지가 될까봐 그랬는지도 모른다. 그런데 늙고 병든 아버지가 요양원에 들어갔다. 요양원에서는 매달 정해진 액수의 돈을 내거나 입원자의 살고 있는 집을 담보로 내야 하는 룰이 있다. 집을 담보로 했을 때는 본인이 사망할 때까지 돈을 내지 않아도 되고 사후에는 나머지 돈을 자식들에게 돌려준다.

이 아버지는 집을 담보로 했다. 시가 70만 달러를 계산하면, 요양원 생활을 몇 년 하는가에 따라서 손해가 될 수도 있고, 이득이 될 수도 있다. 오래 살면 70만 달러가 넘을 수도 있으니 이득이 될 것이고, 일찍 사망하면 많은 손해가 될 것이다. 이 아버지는 손해가 될 수도 있는데도 불구하고, 집을 저당잡힌 것이다. 집을 팔아 아들에게 줬을 때, 매달 들어가야 하는 돈을 아들에게 기대할 수 없기 때문에 그렇게 했을지도 모른다.

이런 얘기를 들을 때마다 오래전에 돌아가신 K박사님을 생각한다. K박사님은 의대 교수이면서 의사였다. 평양이 고향으로 한국전쟁 때 월남하여 자수성가하신 K박사님은 서울 의대를 졸업하고 일찍 미국으로 유학하시어 자리를 잡으신 분이다.

K박사님은 정말 열심히 공부하고, 열심히 일하고, 열심히 사신 분이다. 미국의 의대에서 많은 제자를 배출한 그는 2남 1녀의 자녀도 교육을 잘 시켰다. 큰아들은 아버지 뒤를 이어 의사였고, 작은아들은 변호사, 딸은 교수였다. 누가 봐도 이민 와서 자식 교육뿐 아니라 아메리칸 드림에 성공한 대표적인 케이스다.

부인은 먼저 돌아가시고 혼자 사시던 박사님이 어느 날 갑자기 몸에 마비가 왔다. 박사님은 요양원에 들어갔고, 거기서 외롭게 생을 마감했다. 그때 많은 사람들이 박사님의 자녀들을 원망했다. 자녀들을 모두 미주류사회에서 존경받는 인물로 훌륭하게 키워줬는데, 홀로 된 아버지를 너무 외롭게 살다 가게 했다는 것이다. 거기에는 상속에 대한 얘기가 뒤따랐다.

부모에게 상속 받은 것도 없고, 자식에게 상속해 줄 것도 없는 나는 이런 얘기를 들으면 그저 씁쓸할 뿐이다. 현 사회의 흐름이 그런 것일까. 그렇지만 남의 나라에 와서까지 이런 슬픈 상속 얘기는 남기지 말았으면 좋겠다.

이 땅의 아들딸들아!

아이가 태어났을 때 배꼽에 달린 탯줄은 잘라버리지만, 어머니와 자식 간의 보이지 않는 사랑의 탯줄은 영원히 끊어지지 않는다. 그러나 아이는 커서 그 탯줄을 끊으려 하고 어머니는 놓지 않으려 한다.

며칠 전에 만난 한 홀어머니의 설움이 가슴을 답답하게 한다. 결혼한 아들이 어떻게 사는지 궁금해서 찾아갔더니 아들이 제 색시 눈치 보며 어머니를 향해 통명스럽게 "왜 연락도 없이 그냥 오셨어요?" 하더란다.

어머니는 전화하지 않고 왜 왔냐는 아들녀석의 원망의 소리에 가슴이 무너져 내리는 비통함을 느꼈다. 며느리 앞에서 아들이 그렇게 쏴 대는데 며느리 보기도 민망하고, 그리 말하는 아들이 너무나 야속했다. 그녀는 가져간 선물 보따리를 내동댕이치고 정신없이 뛰쳐나와서는 길을 걸으며 한없이 울었다. 그 어머니는 미국에 온 것을 후회하고 또 후회했다.

손자가 보고 싶어서 손자 좋아하는 장난감과 먹을 것을 준비해간 어머니에게 왜 전화도 없이 왔냐고 불퉁하게 말하는 아들도 있더란다. 이 어머니는 아무 말도 못하고 꾹 참았다. 뭐라 한마디 하면 다시는 오지 말라고 할 것 같아서, 그러면 손자 얼굴을 못 볼 것 같아서.

힘든 일을 하면서도 이제는 아들보다 재롱부리는 손자가 보고 싶어 이것저것 손자 줄 것 준비하는 것이 그렇게 행복했다는 어머니. 그런 어머니는 아들의 그 언사를 잊어버리고 다음 주에 또 그냥 갔다. 옛 한국의 어머니들이 다 그렇듯이 아들집에 가면서 꼭 전화를 해야 하는지 그게 익숙하지 않았겠지. 그런데 얼마 후 그 아들은 기차를 타고 가야 하는 거리의 먼 곳으로 이사를 했더란다. 그 어머니의 가슴이 얼마나 굳어졌을까.

이 땅의 아들아, 딸들아, TV에 나오는 동물의 세계를 봐라. 새, 물고기, 호랑이, 원숭이, 아니면 캥거루나 표범들…. 그 어미가 몇 달간 배불러서 낳은 새끼에게 어떻게 하더냐. 새끼가 눈을 뜨고, 걷고, 달리고, 날아다닐 때까지 어미는 먹이를 물어다 주고, 강한 짐승으로부터 보호해 주고, 그러다가 어느 날 죽어가는 어미도 있지.

사람은 어떻더냐. 너희가 자랄 때 너희 엄마는 너를 어떻게 키웠더냐. 열 달 배 아파 낳은 너희를, 눈에 넣어도 아프지 않은 사랑을 하면서 너희를 위해 새벽부터 밤까지 개미처럼 일하며 평생을 살지 않더냐. 혹여 아프지는 않을까, 다른 집 아이보다 못 먹고 못 입지는 않을까, 나쁘게 풀리지나 않을까, 좋은 학교에 못 들어가면 어쩌나, 좋은 직장에 들어가야 할 텐데, 좋은 상대와 결혼해야 할 텐데, 사업이 망하지나 않을까, 빨리 손주를 봐야 할 텐데….

이렇게 어미는 자식에 대한 사랑의 끈을 죽을 때까지, 어쩌면 죽어서도 놓지 못한단다. 너희를 낳을 때 보이는 탯줄은 끊어버리지만, 보이지 않는 탯줄은 영원히 어머니의 가슴 속에 그대로 있단다. 그게 어머니와의 사랑의 끈이란다. 너희를 낳고, 키우고, 학교에 보내고, 결혼시키고, 아이 낳고 잘 살 때까지. 어머니는 목숨이 다하고 죽어서까지 영원히 그 사랑의 탯줄을 놓지 못한다 하더라.

그런데 너희는 어떻더냐. 너희는 그런 어미에게 어떻게 했고, 어떻게 하고 있느냐. 직장 따라 다른 도시로 간 딸이 보고 싶어 긴 시간 기차를 타고 찾아간 엄마를 연락도 않고 왔다고 박대했다지. 아마 그 어미는 딸집에 갈 때와는 달리 가슴에 큰 바위 하나 담고 눈물 흘리며 되돌아갔을 것이다.

자식들 교육 잘 시키겠다고 도망치듯 내 나라를 버리고 떠나온 부모가 아니더냐. 말도 잘 안 통하는 이 나라에서 너희들 위해 일개미가 된 어미가 아니더냐. 그런데, 그 먼 길 딸이 보고 싶어서, 아들이 걱정되어서, 손자가 보고 싶어서 찾아간 어미에게 연락도 없이 왔다고 어미의 가슴을 그렇게 아프게 해야만 했더냐. 정말 너희들이 그래야만 되겠느냐.

너희가 더 어른이 되어 철이 들면 어미에게 얼마나 잘못했는지를 깨닫게 될까. 그러나 그때 너희의 어미들은 너무 늙어 있거나, 어쩌면 이 세상 사람들이 아닐지도 모르지. 그러면 그때 너희는 후회하고 또 후회할 것이다.

딸아이가 불현듯 보고 싶어서 뉴욕에 올라간 어머니에게
딸은 "내가 허락하지 않은 방문을 했다"고 불평한다
그 비애를 안고 돌아오는 밤 열차가
1세대와 2세대의 멀고 먼 강을 건너고 있다
그 비애의 강, 뉴욕으로부터 버지니아에 이르는 강의 심연으로
밤기차는 울음소리도 죽이면서 건너고 있다

어머니의 사랑도 약속이 되어 있어야 한단 말이냐

의사와 환자처럼
……
어머니는 끝없이 예외의 사랑을 즐긴다
……
너도 어느 날 울음을 삼키며
밤열차 안에서
너의 어머니를
그리워 할 때
있으리라.

최연홍 시인의 시 「어머니의 강」이다. 이 시 속에 가슴 아픈 어머니들의 눈물이 가득 담겨있다. 연락 없이 자식들의 집을 방문했다는 죄를 지은 어머니들의 진한 비애의 눈물이.

오늘 밤에도 많은 어머니들이 이런 자식들 멀리서 속울음을 울고 있을 것이다.

미국 속의 또 다른 한국인

버린 부모와 버려진 아이들… 가난해서건, 무슨 사정이 있어서건 한국의 많은 부모들은 자신이 낳은 아이들을 남의 나라에까지 보내 천륜을 끊고 산다.

서울서 뉴욕으로 돌아오는 비행기에서 두 미국 입양아 남매와 자리를 나란히 앉게 됐다. 23세의 패션디자이너인 누나가 대학을 갓 졸업한 남동생과 함께 친부모를 찾기 위해 한국을 방문했다가 돌아가는 중이었다. 1주일간 머물면서 수소문을 했지만 친부모를 찾지 못했다는 그들은 아주 서툰 한국어로 "아버지, 어머니 얼굴을 한 번만이라도 보고 싶다"며 눈시울을 붉혔다.

누나는 잔잔하면서도 아름다운 눈매를 가졌고, 앞으로 건축가가 될 동생은 덩치가 큰 잘생긴 청년이었다. 이들은 두 살, 네 살 때 미국으로 입양된 친 남매였다. 양아버지는 변호사이고, 양어머니는 부동산업을 하고 있는데, 양부모는 이 아이들을 입양한 1년 후에 딸을 낳아 남동생보다 네 살 아래인 여동생이 한 명 더 있다고 한다.

남매는 양부모의 사랑이 지극하여 친부모로 알고 어린 시절을 보냈다. 양부모는 이 남매를 자신이 낳은 딸과 조금도 차별을 하지 않고 키우고 교육을 시켰다. 철이 들 때쯤, 양부모가 입양사실을 알려주면서 "이 다음에 너희들이 훌륭한 사람이 되어 낳아주신 부모님을 꼭 찾아보라"고 말해줬고, 남매는 이후 양부모님을 더욱 존경하면서 열심히 공부했다.

미국 중산층의 남부럽지 않은 환경에서 사랑과 교육을 받으며 자란 남매는 공부를 끝내고 직장을 가진 후 양부모님의 말대로 친부모님을 찾으러 이번에 한국을 방문했던 것이다.

18년쯤 전으로 기억된다. 맨해튼 업타운에 있는 나이팅게일 하이스쿨에서 한국입양아 부모들이 아이들의 모국을 알리기 위한 한국문화행사가 열렸다. 유아부터 대학생까지 약 2백명가량의 한국 입양아들과 미국인 양부모들이 함께 춤과 노래, 제기차기, 연 만들기 등 한국전통문화 체험과 함께 떡, 만두, 잡채 등 한국음식 먹기를 했다.

20년이 다 돼 가는데도 나는 그때 그 아이들과 양부모들을 잊을 수가 없다. 40대 미국인 남자가 서너 살 된 여자 아이의 질질 흐르는 코를 닦아주고 있었고, 그 옆에서 부인이 돌이 됐을까 한 아기의 기저귀를 갈아주고 있었다. 아기를 안고 우유를 먹이는 미국인 할머니 옆에서 죽어라고 울고 있는 사내애를 할아버지가 달래고, 한쪽에서는 40대 부부가 열 살이 좀 넘은 여자아이에게 한복을 입혀주면서 뭔가 소곤대고 있었다. 한국아이 3명을 입양한 가정도 있었다.

교포 언론사에 근무하면서 취재차 그곳에 간 나는 그 광경을 보자마자 눈물부터 나기 시작했다. 앙증맞게 생긴 여자 아이가 너무 예뻐 머리를 쓰다듬으면서, 멀리 무언가를 주시하면서 생각에 잠긴 듯한 아이에게 이름과 나이를 물어보면서, 한복을 입고 「아리랑」과 「도라지」 노래를 부르며 춤을 추는 아이를 바라보면서 내내 울었다.

내 아이들의 눈동자를 닮은 아이들, 얼굴과 머리 색깔이 우리 아이들과 똑같은 아이들, 그들은 지금 제 엄마 아빠가 누군지도 모른 채 피부색과 언어가 다른 미국인 양부모의 품에 안겨 우유병 꼭지를 빨면서 칭얼대기도 하고 울기도 하고 있는 것이다.

그 아이들이 너무 불쌍했다. 부모가 가난해서였는지, 미혼모 자녀였는지 모르겠지만 그 아이들을 낳은 부모도, 아이들이 태어난 우리나라 대한민국도 그 아이들을 버린 게 아닌가. 부모에게 버림받고 나라에게 버림받은 아이들, 어른이 되어서도 '입양아'라는 레이블을 달고 살아야 하는 아이들. 그 아이들에게 미안하고 부끄러웠다. 꼭 내가 잘못해서 아이들을 미국이라는 낯선 나라에 오게 한 것 같아서였다.

몇 명의 대학생과 사회인이 된 입양아들이 이날 행사를 도와주고 있었는데, 그들은 얼굴만 한국인일 뿐 코리안이 아니었다. 그들은 모두 미국인이었다. '안녕하세요?'나 한국이름 정도 발음을 근근이 하고 있었으니까.

그러나 그날 아이들을 데리고 온 미국인 양부모들은 하나같이 우리 아이들을 사랑해줬다. 한복을 곱게 입혔고, 태권도 시범을 하는 아이를 무척 자랑스러워했으며, 부채춤을 추는 아이의 사진을 찍기 위해 플래시를 터뜨리며 행복해 했다. 우리네 부모들이 자녀한테 갖는 관심과 사랑을 그들도 똑같이 하고 있었다.

미국인 양부모들이 아이들에게 쏟는 사랑과 정성을 보고, 이 정도라면 아이들이 잘 성장할 수 있을 것이라며 조금이나

마 위안을 받았다. 그러면서도 이 아이들이 철들어 내 나라, 내 부모가 아님을 알았을 때, 내 부모와 내 나라가 나를 버린 것을 알았을 때, 그들의 마음속에는 얼마나 큰 아픔과 상처가 남을까를 생각하니 가슴이 아렸다.

이 미국에 우리와 같은 핏줄인 한국인 입양아들이 우리 이민자들과는 또 다른 모습으로 음지와 양지에서 살아가고 있다는 것을 우리는 잘 알지 못하고 있다. 숫자는 알 수 없지만 한국에서는 한국전쟁 이후 오늘날까지 많은 아이들을 미국을 비롯한 해외로 입양을 보낸다.

해외 입양국 중에 미국에서 가장 많은 우리의 입양아들이 크고 있다고 들었다. 그런데 입양아들 가운데 키워준 양부모를 존경하며 모국을 찾고, 친부모를 찾는 이 남매같이 잘 자란 아이들이 얼마나 될까. 가끔 미국의 문단이나 학계, 정치계에 한국 입양아 출신이 나오고 있기는 하다.

그러나 직접 낳은 자녀를 키우고 교육시키는 이민가정에서도 많은 문제아가 생기는데, 외국인 가정의 입양아야말로 얼마나 많은 문제를 안고 크고 있을지 짐작된다. 입양아가 자라면서 부모나 주위 사람들과 피부색이 다른 것을 알게 되었을 때 그 상처를 어떻게 이겨낼 수 있을까.

서울서 뉴욕까지 14시간을 함께 앉아서 이야기하는 동안 나는 잘 자란 이 입양아 남매가 얼마나 사랑스럽고 대견스러운지, 얼굴도 모르는 그들의 미국인 양부모가 참으로 고마웠다. 뉴욕에 도착하여 헤어지면서 친부모님을 꼭 찾기 바란다며, 코리안이라는 걸 잊지 말고 더 열심히 살라고 일러줬다.

이제 우리나라가 세계적으로 잘 사는 상위권에 들었다는데, 그런데도 해외입양을 꼭 시켜야만 하는지…. 같은 미국에 살면서 우리 아이들과 같은 피부, 비슷한 얼굴의 또 다른 아이들이 입양아라는 이름으로 그늘에서 외롭게 커가고 있다는 것을 생각하면 가슴이 아프다.

커피향의 유혹

커피를 마시지 않기로 했다. 수십 년간 마셔오던 커피를 끊는다는 게 쉽지는 않지만 굳은 결심을 하고 커피향의 유혹으로부터 도망을 다니고 있다. 벌써 3개월이 되어간다.

그동안 커피향의 유혹에 몇 번인가 빠질 뻔도 했다. 누군가와 만났을 때 상대방이 커피를 시키면 잠시 갈등을 하다가 같이 시켜서 한두 모금 마시거나 몇 번 혀를 대는 것으로 그쳤다. 구태여 몸에 좋지 않다는 커피를 마실 게 뭐 있냐고 생각하면서 그렇게 결심을 굳혀나가고 있는 것이다.

길을 걷다가 어디에선가 향긋한 커피향이 코 속 깊숙이 스며들면 나도 모르게 그 향기를 따라 스타벅스나 던킨도너츠

가게로 들어간다.

커피포트 속에서 보글보글 끓고 있는 커피, 후각을 자극하는 은은한 향기…, 한 모금 마시고 싶은 갈등도 함께 끓어오른다. 그러다가 손에 쥔 커피 값을 도로 지갑에 넣고 길게 심호흡을 몇 번 하면서 커피 향만 실컷 들이마시고는 그냥 나온다.

신문 편집을 하면서 하루에 두세 잔은 꼭꼭 마시던 커피와의 사랑은 이렇게 나의 일방적인 배반으로 갈라서고 있는 중이다.

커피를 처음 마신 것은 여고 때였다. 지금은 화가인, 당시 미술반 반장이었던 친한 친구 향미의 집에서였다. 그때만 해도 커피가 대중적이지 않았다. 아버지가 유명한 변호사였던 그녀의 집에는 항상 커피가 있었다. 그 집에 갈 때마다 그녀는 아무 맛도 없이 쓰기만 한 커피를 정성스럽게 끓여줬고, 나는 찡그리면서 그녀가 주는 대로 받아마셨다.

그때 내가 마신 커피는 정말 맛이 없었다. 그런데 친구는 쓰기만 한 커피를 "와, 맛있다. 아, 이 향기!" 하면서 환상에 젖은 듯 김이 모락모락 올라오는 커피 잔을 코에 갖다 대면서 즐겨 마시곤 했다.

참으로 맛없고 쓴 커피를 맛있다고 마시는 그녀에게 "이게 뭐가 맛있냐?"고 타박을 주곤 했는데, 고백하거니와 그녀의 문화수준이 나보다 훨씬 앞서고 있었다는 것을 느낀 것은 그로부터 몇 해가 지난 대학생 때였고, 그녀처럼 커피의 맛과 향을 안 것은 그보다도 훨씬 뒤였다.

누구를 만날 때 커피는 가장 쉽게, 무난하게 마시는 기호품이 되어있다. 마음이 복잡하거나 우울할 때, 혹은 일이 손에 잘 안잡힐 때, 그리고 심심할 때 커피는 마음을 달래주는 가장 친한 친구다. 감미로운 음악이 흐르는 찻집에서의 음악과 커피와의 조화는 더없이 마음을 즐겁고 기쁘게 해준다. 추운 겨울 날 뜨거운 커피 한 잔은 얼어있는 몸을 녹여주면서 또 다른 맛을 느끼게 한다.

일에 파묻혀있을 때는 앞에 갖다 놓은 커피가 식어서 향이 없어질 때까지 마시지 못하는 경우가 다반사여서 다시 타다 놓곤 하는데, 그런 것을 계산한다면 하루에 대여섯 잔의 커피가 내 책상 위에 놓이는 셈이다. 남자들이 담배를 피우는 이유나, 담배를 끊지 못하는 이유도 이와 비슷한 게 아닐까 싶다.

내 주위에 글을 쓰거나 사업을 하면서 담배를 피우는 사람들이 많이 있다. 그들은 한결같이 담배 끊기가 어렵다고 한다. 몸은 담배냄새가 절어있고, 말할 때마다 입에서 냄새가 푹푹 나는데도 담배를 끊지 못한다. 건강에 나쁘다는데도, 그들은 한결같이 일을 위해서, 스트레스를 풀기 위해서라고 말한다.

내가 커피를 끊겠다고 결심한 것은 우연이었다. 언제부터인가 아침에 일어나면 손마디가 뻣뻣해지면서 부어 있어서 병원에 갔더니 의사가 음식으로 체질을 바꿔 보라고 말했다. 그런데 금기사항 첫째가 커피를 마시지 말라는 거였다. 오랫동안 즐기면서 마셔온 커피를 꼭 끊어야 할 것인가를 좀 고민했지만, 건강에 좋다는데 한 번 지켜보자는 심산으로 커피를 끊기로 하고 매일 쉽지 않게 실천해가고 있는 것이다.

요즈음 사무실에 출근하면, 진한 커피향이 사무실 문을 열면서부터 코를 자극시킨다. 나는 수년간 해왔듯이 커피포트 앞을 몇 번 왔다 갔다 한다. 그리고 잠시 마음이 흐트러지면서 한 잔 마셔볼 것인가, 참을 것인가를 갈등한다. 그러다가 찬물 한 컵을 따라서 쭈욱 단숨에 들이킨다. 아침부터 커피향에 정신을 뺏기지 말아야지…. 맹물 마시고 정신을 차리기로 한다.

이럴 땐 맨 처음 마셨던 쓴 커피를 생각한다.

내 기억에 남는 제일 쓴 커피는 남미에 가서 마셨던 커피다. 브라질이 원산지여서 그곳의 커피가 맛있을 거라 생각했는데 그건 아니었다. 너무 강해서 철없이 마셨던 예전의 커피보다 더 쓰고 맛이 나지 않았다. 이것은 어쩌면 아직도 내가 커피문화인이 되지 못한 이유 때문인지도 모른다.

봄날씨 같지 않게 으스스한 한기가 드는 오늘 맛있는 커피 한 잔 딱 마셨으면 좋겠다.

날씨 탓을 하면서 그래도 커피 향으로부터 유혹을 당하지 않으려고 지금 나는 안간힘을 쓰고 있다.

정재옥의 사부곡(思夫哭)

'별 하나에 당신, 별 하나에 나.'

정재옥 수필가의 병상일지이다. 그녀가 남편을 간호하면서 메모한 글들, 남편을 떠나보내고 난 후 정리한 '당신께' 보내는 사랑의 고백서이다.

글을 읽다가 멈출 수 없다. 그녀와 함께 가슴이 아프다가, 속상해 하다가, 잠시 기뻐하다가, 너무 애절해서 눈물 흘리다가…. 그러면서 계속 읽는다. 그녀의 아픈 마음이 다가온다. 마음 좋은 그녀 남편의 웃는 모습도 다가온다. 이제는 만날 수 없는 사람의 잔잔한 미소….

제목이 시적이다. 어린 날 별을 보면서 '별 하나, 나하나,

별 둘, 나 둘…' 하던 생각이 난다. 그녀는 하늘에 총총한 별들 가운데 가장 밝게 빛나는 별을 찾아 '당신'이라 정하고, 그 옆에 있는 작은 별 하나를 '나의 별'로 정한 것일까.

수필가 정재옥 — 정신과 닥터 송관호, 그들은 잉꼬부부로 불렸다. 그렇게 다정했다. 그런데 어느 날 남편인 닥터 송이 암 선고를 받는다. 그는 1년여 동안 암과 싸우다가 지난해 이맘 때 저세상으로 떠났다.

5년간의 연애와 결혼생활 40년, 그 함께한 45년이란 세월이 지나 이제 혼자가 된 아내. 어쩌면 지금 그녀는 남편의 빈자리를 보면서, 남편의 옛 사진을 보면서 지난 세월 남편의 애틋한 사랑을 그리워하고 있을지도 모른다.

남편의 고통을 지켜보면서 남편을 따라 죽고 싶다고 몇 번이나 생각했을 정도로 남편을 사랑했던 그녀. 그런 그녀가 남편이 떠나고 1년 만에 병상일지를 펴냈다. '아직도 암세포에 저당 잡힌 채 힘겹게 살아가는 사람들을 생각하면서', 낯선 세상 홀로 걸으며 '홀연히 떠난 당신을 정말 용서할 수 없다'는 사랑의 말을 전하면서.

책 첫 장에 화사하게 웃는 두 부부의 모습이 참으로 행복해 보인다. 감색 양복을 입은 남편과 빨간색 화려한 드레스를 입은 아내가 춤을 춘다. 막내아들 결혼식장이다.

뒷장엔 서울의대 연말 파티에서 두 부부가 웃으며 포즈를 취했다. 사람 좋은 닥터 송의 미소가 선하다. 행복해 뵈는 아내의 얼굴이 맑다. 그렇게 행복한 부부의 본보기였던 그들이었는데, 지금 그녀는 오랫동안 기댔던, 평생을 그렇게 기둥이 되어줄 줄 알았던 남편을 잃고 혼자다.

문인들 모임으로 몇 번 그 집을 방문한 적이 있다. 수년 전 그녀가 미동부 한국문인협회 회장이었을 때 나와 함께 뉴욕 평통자문위원이 되어서 그들 부부와 금강산 여행을 간 적도 있다.

또 몇 해 전에는 캐나다 문학기행에도 함께 갔다. 문학행사에서는 자주 봤다. 이민사회에서 부부가 함께 자주 행사모임에 간다는 건 쉽지 않다. 그러나 그들 부부는 항상 함께였다.

뉴욕의사협회 회장이었던 닥터 송은 언제나 점잖고, 겸손하고, 인자하고, 위트가 있었고, 그리고 잔잔한 미소를 갖고 있었다. 그래서 인기였다.

그런 그가 암으로 고생하다가 타계했다는 게 참 속상하다. 더구나 처음 안 게 암 말기였다니…. 암 진단을 받고도 "뱃속에 회충 한 마리 키우는 셈 치지 뭐, 괜찮을 거야!"라고 말했던 사람. 그는 스무 번의 항암 치료를 받으면서 그 지옥 같은 고통 속에서도 초연했고, 자신은 죽어가면서도 자기 때문에 고생하는, 앞으로 혼자 남을 아내를 걱정했다.

"좋을 때 시집 와서 고생만 했지?" "당신이 너무 나를 사랑했기 때문에 잠깐 아픈 거야. 괜찮아질 거야." 하면서.

그러한 남편을 옆에서 지켜보며 그녀는 암을 이기기 위해 좋다는 음식, 좋다는 약을 다 써본다. 마지막에는 이제껏 갖지 않았던 신앙까지 찾는다. 남편과 함께 가톨릭 신자가 된다. 그녀는 인간으로서, 아내로서 어쩌지 못하는 암이라는 몹쓸 병에게 남편을 맡기고 속수무책. 매해 제사를 드린 조상께 빌기도 하고, 하나님께 잘못한 게 있으면 용서하고 남편을 살라달라고 기도한다. 때로는 죽어가는 남편의 모습을 보고 신과 부모에게 원망도 한다.

그녀는 절규한다.

"가엾은 당신! 가엾은 당신!" "전생에 우리는 무엇이었는데 이렇게 만나서 애절한 사랑을 태우고 있는 걸까요?"

"뭐든 당신이 다 해주고, 어디든 가야할 곳 다 데려다 주고, 부탁만 하면 늘 두 말 없이 해주던 당신에게 이제 내가 받을 수 있는 건 아무것도 없다는 데에 기가 죽습니다."

"핸섬한 당신 얼굴을 보면서 참 기가 막힙니다. 당신이 아까워 죽을 지경입니다."

그리고 무릎 꿇고 기도한다.

“자비를 베풀어 주소서.” “우리의 기도가 마음에 들지 않으신가요? 모든 우리의 허물을 용서하시고, 특별한 은총을 받을 수 있는 기도를 가르쳐주십시오!” “지상에 존재하는 모든 신에게 기도합니다.”

그랬는데도 그녀의 당신은 갓난아기의 배냇짓을 하면서 영원히 그녀 곁을 떠났다. 그녀는 인사 한마디 나누지 못하고 그렇게 남편을 떠나보낸 것이다.

정재옥의 병상일지 『별 하나에 당신, 별 하나에 나』는 이렇게 사랑하는 남편을 속절없이 떠나보내야 했던 아내 정재옥 씨의 가슴 절절한 사랑의 아픔이 잔뜩 담겨있다. 이 세상의 아내와 남편이 꼭 한 번 읽어봤으면 싶은 사랑과 눈물의 서사시이다. 그녀의 사부곡(思夫哭)이다.

그녀는 지금도 별을 보고 남편을 생각하고 있을까. 어쩌면 이 밤에 별을 보면서 저세상으로 떠난 남편을 생각하며 울고 있지나 않을까. “별 하나 당신, 별 하나 나.” 하면서.

그녀는 떠나고

며칠 동안 아주 먼 나라를 다녀왔다.

하나뿐인 동생이 묻힌 그 산엔 웬 들꽃이 그리도 아름답게 많이 피어있는지….

그래, 그 애는 꽃을 좋아했지, 나처럼.

동생과는 세 살 터울이다. 초등학교 1, 2학년 때쯤이었을 것이다. 동생과 함께 집 뒤 언덕에 있는 바위 위에 앉아있었다. 바로 앞에 나무가 몇 그루 있었는데, 그 나무 아래 작은 풀들 사이로 노란 꽃 한 송이가 피어있었다.

나는 "와, 이쁘다" 하면서 나무 밑으로 가서 꽃을 꺾었다. 그러자 옆에 앉았던 동생이 갑자기 "앙-" 하고 울음을 터드렸다. 그 꽃을 왜 꺾느냐고, 그냥 살려두지 예쁜 꽃을 왜 꺾느냐고 하면서 막 울었다.

"집에 가서 꽃병에 꽂으면 되잖아."

"금방 시들어 죽잖아. 그냥 놔두면 올 때마다 볼 텐데. 어제도 보고 그저께도 봤는데, 이제는 못 보잖아."

"꽃 한 송이 꺾었다고 그렇게 우냐?"

우리는 꽃 한 송이 때문에 악을 쓰며 다퉜다.

그렇게 내가 꺾었다고 동생이 막 울던 그 꽃을 닮은 노란 꽃이 그 아이가 묻힌 무덤 주위에 많이 피어있었다. 달맞이꽃 같기도 하고 애기똥풀 같기도 한 노란 꽃. 예쁘기도 하지만 외롭게도 보였다.

가까이 가서 노란 꽃잎에 코를 대고 숨을 들이쉬어 본다. 은은한 꽃향기가 폐부 깊숙이 들어와 내 몸 속 곳곳에 퍼진다. 오랫동안 잊어버렸던 추억의 그림자가 아련하게 다가온다. 그 꽃을 보면서 운다. 그때 울던 동생의 얼굴이 겹쳐지면서 눈물이 자꾸 난다. 나는 꽃 몇 송이를 꺾어서 물병에 넣어 동생의 묘지 앞에 놨다.

딸만 둘인 우리는 모두 어머니를 닮아서 꽃을 좋아했다. 나는 들꽃을 좋아해서 들이나 산에 가면 누가 볼세라 몰래 꺾어오는데 선수였고, 동생은 어머니처럼 화분이나 화단에서 꽃을 가꾸는 것에 주력했다.

그녀가 가고 없는 빈 아파트 베란다에는 고급스레 보이는 크고 작은 여러 개의 도자기 화분에 꽃나무들이 싱싱하게 꽃을 피우고 있었다. 이 화초들은 매일 물을 주고 먼지를 닦으며 키워온 제 주인의 손길이 이제는 영원히 닿지 않을 것이라는 것을 알기나 할까.

어머니께 "걔네 집에 꽃 화분이 많더라"고 했더니 "복 없는 년. 환갑도 못 살고 제 어미보다 먼저 죽어? 그년이 나 닮아서 꽃을 좋아했다"며 눈물을 보이셨다. 나도 따라 울었다.

이제 며칠이 지났다. 거울 속에 그녀를 닮은 내가 서 있다. 그녀와 꼭 닮은 내가 거울 속에서 울고 있다. 내가 그녀와 닮은꼴인 것을 왜 이제야 안 것일까.

꽃 피는 이 아름다운 5월에 나는 우울해서 미칠 것만 같다. 이 세상에 하나뿐인 동생을 땅에 묻어버렸으니까. 그래서 다시는 볼 수 없으니까. 그리고 전엔 몰랐는데, 그 애는 나를 닮아 있었다. 웃는 모습, 우는 모습, 화난 모습, 그리고 걷는 것까지. 거울을 보다가, 거울 속에 비친 내가 동생인 줄 알고 깜짝 놀랐다. 그렇게도 그녀와 나는 닮아 있었다.

그 애가 갑자기 쓰러져서 이 세상을 떠난 것도 슬픈데, 그 애가 나와 닮아 있어서 더 슬프다. 그녀가 살아서는 몰랐는데, 그녀가 죽고 나니 나와 닮은 그녀의 얼굴이 자꾸만 밟힌다. 내가 낳은 나의 아이들보다 나를 더 닮은 동생. 이제 그녀는 이 세상에 없다. 보고 싶어도 볼 수가 없다.

그런데 거울을 볼 때마다 그녀가 슬픈 얼굴을 하고 있다. 그 전엔 몰랐는데, 슬픔에 젖은 내 눈이, 내 얼굴이 동생과 참으로 많이 닮아서 거울을 볼 때마다 더 슬프다.

동생은 일을 잘하는 아이였다. 음식도 잘했고, 바느질도 잘했다. 어머니가 안 계실 때 그녀는 항상 부엌에서 살았다. 나는 그때 방에서 책만 보고 있었다.

"언니는 맨날 책만 보고, 공부만 하고…."

동생은 원망인 듯 불평인 듯 말하면서도, 일은 않고 책상에만 앉아있는 언니인 나를 은근히 자랑스러워했다.

중학생 때였다. 독감이 유행하고 있었다. 어느 나라에서 들어왔다는데, 그 독감이 전국을 휩쓸었다. 다행히 나는 괜찮았는데, 동생이 그 독감에 걸려 콜록거리면서 학교에도 가지 못했다. 그날 학교에서 돌아와 보니 나의 저녁 밥상을 준비해놓고 저는 누워서 앓고 있었다.

"야, 아픈데 밥은 왜 했냐."고 내가 나무란 듯 말하자, "내일 시험 치는데, 언니 공부해야 되잖아." 했다. 그런 아이였다. 언니와 동생이 뒤바뀐 것 같은, 그런 동생이 나보다 먼저 한마디 말도 없이 그냥 이 세상을 떠나가 버렸다. 이 찬란한 5월에 땅에 묻혔다.

어릴 때는 철이 없어 그렇다 하고, 어른이 되어서 나는 그런 심성을 가진 그녀에게 고맙다는 말을 한 번도 못했다. 왜 그런 생각을 하지 못했을까.

"언니, 밥 먹자!"면서 밥상을 들고 들어오는 아이, 저는 아파서 학교도 못가면서 나를 걱정하여 저녁밥을 해놓은 아이, 그런 동생에게 지금 나는 미안해서 못견뎌 하고 있다.

20년 넘게 미국에 살면서, 누구라도 쉽게 왔다 갔다 하는 이 미국에 하나뿐인 동생을 한 번 데려오지 못한 이 못난 언니. 미국 구경을 시켜주면서 미국이 이런 나라란다, 언니가 이렇게 열심히 살고 있단다 하고 보여주지 못한 것, 그게 미안해서 가슴이 너무 아프다.

그녀는 갔는데, 이 세상에 없는데, 오늘 아침에도 거울을 보니, 거울 속에 그 아이가 쓸쓸한 표정으로 서 있다.

눈 오는 날의 명상

황주리의 발가락은 왜 네 개일까. 왜 발등 위에 시계 침이 꽂혀 있을까. 시계는 왜 10시 40분을 가르키고 있을까. 그것은 오후일까, 오전일까?

눈이 내리고 있다. 올들어 몇 번 바람에 휘날리며 내리던 그런 눈이 아니다. 펑펑 쏟아지면서 내리는, 눈 같은 눈이다. 밤늦게 폭설이 온다고도 한다. 출근길에 보니 도로에 소금을 가득 실은 트럭이 몇 대씩 줄을 서 있었다. 눈이 오면 소금을 뿌리고 치우기 위해서다.

미국은 이런 것이 좋다. 골목길이 아니면 눈이 많이 와도 이런 차가 동원되어 치우기 때문에 거리가 깨끗하다.

이렇게 눈이 많이 오는 날은 방에 그냥 앉아 눈 오는 바깥을 내다본다거나, 내리는 눈 속에 어리는 누군가를 생각한다거나, 그러면서 뜨끈한 국물이 있는 음식을 먹는다거나, 아니면 재미있는 프로의 TV를 본다거나 그랬으면 딱 좋겠다.

좀 더 젊었더라면 눈을 맞으며 거리를 신나게 쏘다녔을, 그런 눈이 펑펑 쏟아지는 날이다. 그러나 내 사무실은 창이 높아서 거리가 보이지 않는다. 창살 사이로 하늘만 보인다. 내리는 눈으로 가려서 잔뜩 흐린 뿌연 공간의 하늘.

아직도 밖엔 눈이 펑펑 쏟아지려니, 하고는 홍종진이나 원장현, 김정수의 대금소리를 듣다가, 홍민의 노래를 듣다가, 엄정행의 가곡을 듣는다. 각기 다른 세 종류의 음악이 다 좋다. 이런 날 더욱 잘 어울리는 음악들. 그런 음악에 찻물 끓는 소리가 합해서 내는 랩소디. 그것은 더욱 명상적이다.

음악을 들으며 차를 마시는데 그림 한 점 눈에 들어온다. 순간 가슴이 찐해진다. 세월을 표현한 황주리의 시계 시리즈. 발을 주제로 한 그림이다. 오른쪽 발이다. 발에 시계의 침이 꽂혀 있다. 발가락은 네 개 뿐. 발가락 한 개가 없다는 느낌이 전혀 나지 않는다. 둘째 발가락과 발목 중간쯤에 꽂힌 시계의 침이 10시 40분을 가르킨다.

발엔 발목이 없다. 발목이 있을 자리에 두 팔이 옆으로 길게 뻗어있다. 그 위에 얹힌 듯 얼굴 하나가 하늘을 본다. 엄지발가락 위쪽 발등에 한 사람이 서 있다. 한 쪽은 하얗고 한 쪽은 검다. 밤과 낮일까? 어쩌면 행복과 불행의 세월을 흑백으로 그린 것은 아닐까? 아마도 화가 황주리는 이 세상을 살아온 흔적을 이렇게 표현했을 것이다.

발을 보면서 자꾸만 가슴이 아리다. 황주리의 발이기도 하고, 나의 것이기도 한 발. 내가 아는 사람의 발이기도 하고, 이 세상의 모든 사람들의 것이기도 한 그림 속의 발. 이제껏 살아온 흔적. 그래서 발은 위대하면서도 가엾다. 시간, 세월, 인생, 슬픔, 괴로움… 이런 것을 듬뿍 담고 있는 발이기 때문이다. 그런 세상을 걸어온 발은 내 몸에 붙은 나의 일부분이 아니라 세상 그 자체이기도 하다.

우리는 살아오면서 얼마나 많이 발을 혹사시키고 있는가를 잘 모른다. 양말과 구두 속에 가려서 숨도 제대로 못 쉬며 서고 걷고만 해온 발. 발가락 하나만 없어도 균형이 잡히지 않아 바로 설 수 없다고 한다. 그래서 발가락을 포함한 발의 역할은 대단하다.

두어 해쯤 전에 발바닥 뒤꿈치를 몹시 앓은 적이 있다. 잠을 잘 자고는 아침에 침대에서 방바닥에 발을 딛는 순간 발

뒤꿈치가 너무 아파서 주저앉을 뻔했다. 어디 다친 적도 없는데 자고 난 후 갑자기 아파진 이 발바닥을 미련스럽게도 병원에 한 번 가지 않고 손으로 마사지를 하거나 파스만을 붙였다.

너무 아파서 이젠 병원에 가야지 생각했을 때, 한국서 어느 존경하는 분이 돌아가셔서 한국엘 나갔다. 장지는 파주의 어느 산. 아픈 발을 생각하면 도저히 갈 수 없는 처지인데, 이승에서 그분의 마지막을 보내드리는 곳인데, 하고는 장지에 가는 사람들을 따라나섰다. 아픈 발바닥 때문에 다른 사람들보다는 뒤처져서, 그러나 열심히 산에 올라가서 그분의 마지막 가는 길에 인사를 드렸다.

그 후, 그때 그분이 나의 아픔을 가져갔는지, 아니면 바닥이 좀 더 폭신한 구두를 사 신어서였는지, 나도 모르는 사이에 아픈 발이 나았다. 모양새는 없지만 그때의 그 볼품없는 구두를 아직도 즐겨 신고 다니면서 나처럼 발바닥이 아픈 사람을 만나면 장지에 가서 나았는지, 이 구두를 신어서 나았는지 모르겠다며 내가 신은 구두를 보여주곤 한다.

최근에는 친하게 지내는 시조시인 Y여사가 나와 똑같은 부위를 앓고 있다. 벌써 그것도 꽤 여러 달 되었는데, 내가 그런 애기를 해준 건 물론이다. 그녀야말로 누구보다도 발이 고

장나면 안 되는 사람이다. 왜냐하면 차도 없이 항상 발로 뛰면서 열심히 사는 사람이기 때문이다. S시에 사는 그녀는 일주일에 두세 번씩 지하철과 버스를 몇 번씩 갈아타면서 왕복 네댓 시간을 보내며 플러싱까지 가서 서예를 하고 그림을 그린다.

시계 침이 꽂혀진 발. 세월을 사는 발. 이제는 걸어온 세월의 흔적을 알려주고 있는 그림 속의 발과 Y여사의 발이 생각나는 것은 왜일까.

한 해를 보내는 계절의 마지막 어느 날. 눈이 내리고, 찻물은 끓고, 음악은 흐르고…. 나는 이제 저 그림 속의 발이 걸어온 것처럼 또 걸어야 한다.

어제 차사랑회 Mrs. 송이 보낸, 서산대사가 '눈을 밟으며 들길을 걸을 때/ 모름지기 허튼 걸음을 말라/ 오늘 내가 남긴 발자취는/ 마침내 후인(後人)의 길이 되리니'라고 말한 것처럼 그렇게 걸으리라.

시간이 흐르고, 날이 저물고, 또 하루를 맞이했는데도 그림 속의 발등 위의 시계는 여전히 10시 40분이다. 살아가는 세월이 이렇게 정지된다면, 그 시간 우리는 무엇을 할까.

박남수 선생님의 '훈련'

화씨 1백도가 넘는 찜통더위를 식히기 위해 냉장고에서 갓 꺼내온 잘 익은 빨간 수박을 한 입 베어문 순간 6년 전에 돌아가신 '새의 시인' 박남수 선생님이 생각났다.

박목월, 조지훈, 장만영, 유치환과 함께 한국시인협회를 만드신 선생님은 모더니즘의 대표적인 시인이셨다.

"이 더위에 직원들과 함께 수박이라도 사서 드시오."

1991년 여름이었을 것이다. 8월 한 더위 때였는데, 며칠 전에 보내드린 시 고료와 함께 직원들과 수박을 사 먹으라는 쪽지가 날아온 것이다.

외부에 원고료를 많이 보냈지만, 원고료를 반환하면서 이런 쪽지를 받은 적은 처음이었다.

수박을 사오게 해서 먹기 좋게 자른 후 편집부 직원들을 다 오게 하여 박남수 선생님이 도로 보내주신 원고료 수표와 선생님이 쓰신 메모 글을 읽었다. 직원들의 환호성이 사무실이 떠나갈 듯 요란했다. 그 유명하신 박남수 선생님이 수박을 사 주셨다면서 모두가 맛있게 먹으며 선생님에 대한 이야기로 꽃을 피웠다.

평소에도 선생님을 존경하던 나는 이 사건이 있은 후로 선생님과 더욱 가까워졌다. 필요할 때만 전화를 걸던 것이 일주일에 한두 번 정도 누가 먼저랄 것 없이 전화친구가 되어 많은 대화를 나누었다.

어느 날 나를 찾는 전화가 왔다.

"김옥기 선생이요? 나는 박남수요, 시 쓰는 사람이요."

나는 나를 찾는 그분이 '시 쓰는 박남수'라 했어도 우리가 잘 아는 그 '시인 박남수' 선생님이란 생각은 조금치도 하지 못했다.

"네? 누구요?" 나의 물음에 그분은 또 "박남수요. 시 쓰는…"라고 하셨다.

그래도 내가 우물쭈물 하자, "김옥기 선생 맞아요? 문화부장이요?" 하며 나를 다시 확인하셨다.

"네, 맞는데요, 문화부장인데요."

"그럼, 맞네. 내가 찾는 사람…."

점점 알쏭달쏭한 그의 말에 내 대답이 시원찮았는지, 다음 말은 내용이 달랐다.

"그럼, 김선생은 시 써요?"

"네? 시요? 안 쓰는데요. 시를 좋아하지만, 기사 쓰느라고…."

나는 좋아하는 시를 못 쓰는 이유를 기사쓰기 때문이라고 핑계 댄다.

"안 써요? 기사 쓴다고? 시를?… 그럼 지금부터 쓰면 되겠네. 아, 박완서도 거, 몇 살에 소설을 썼노. 그렇게 늦게 썼어도 지금 유명한 작가가 됐잖아요. 선생은 그 사람보다는 어리잖소!"

기분 나쁜 얘기는 아니지만, 참 이상한 노인네도 다 있네, 하면서 그래도 시를 쓰는 분이라니… 나는 "선생님, 누구라고 하셨어요?" 하고 확인했다.

"아, 박남수라 하지 않았소. 박목월, 조지훈, 박남수 못들어 봤소?"

"네-에? 그 박남수 선생님요? "

나는 놀라서 고함치듯 되물었다. 정신이 번쩍 들었다.

"선생님, 정말 죄송합니다. 어떻게, 선생님이 저한테 전화를 하시리라곤 꿈에도 생각 못했어요. 안 그래도 뉴욕 근처에 사신다는 말은 들었는데…. 아, 정말 죄송합니다. 그런데 어떻게 선생님이 저를 아시고…."

"아, 신문에서 김선생 글 많이 봐요. 인터뷰나 탐방기사가 시 같은 글이 많더라구. 그래서 시를 쓰는 줄 알았어요. 아깝네… 시를 쓰면 딱 좋겠더먼. 내가 맘에 드는 김선생 글을 여러 번 봤어요. 그래서 한 번 보고 싶었어요."

그렇게 해서 선생님과는 종종 전화를 통하게 됐다. 선생님과 친해졌을 무렵, 첫 통화 때 '시 안써요. 기사 쓰느라고' 하는 말이 얼마나 야박스럽고, 실망했는지 아느냐고 말씀하셨다.

선생님은 통화할 때마다 내게 시를 쓸 것을 권유하셨다. 그런데도 나는 그 말씀을 따르지 못했다. 세월이 흘러서 나는 선생님의 그 관심과 사랑의 말씀을 따르지 못한 것을 얼마나 후회했는지 모른다. 그때 나는 생활이 너무 바쁘고, 피곤했다. 내가 글을 쓴다는 건 매일 신문을 메우기 위한 글일 뿐이었다.

그 당시 나에게 있어서 시란, 문학이란, 먼 옛날 과거의 꿈이었고, 오랜 세월 향수 속에 묻혀 있는 희미한 옛사랑 같은 것이기만 했다.

선생님은 세상을 떠나시기 얼마 전까지도 시(詩)를 이야기 하셨다. 칠순이 훨씬 넘은 선생님은 한국 문단사에 남는 원로 시인이면서도 시에 대해서는 문학소년 같은 열정을 지니고 계셨다. 대부분은 한국문단과 교포문단에 대해 이야기 하셨다. 어떤 날은 어제도 오랫동안 얘기를 나누셨는데, 다음 날 또 하시는 날도 있었다. 소곤소곤 말소리가 작게 들려서 왜 잘 안 들리느냐고 하면, "애들이 밤일을 하고 들어와 지금 잠이 들었어요. 내가 나가서 할게." 하고는 밖에 나가셨는지, 조금 후에 큰소리로 말씀을 하셨다.

선생님은 어느 날, 몹시 가라앉은 침울한 음성으로 전화를 하셨다. "아내가 떠났다"는 것이다.

"호강 한 번 못시켜 줬는데, 나보다 먼저 가버렸다"며 "불쌍한 사람"이라고 말끝을 흐리셨다. 아마도 우시는 모양 같았다. 못해준 게 너무 많아서 미안하단다. "내가 먼저 가야 되는데 지가 먼저 갔다"며 원망 비슷한 말과 함께 "내가 지금 와서 해줄 수 있는 게 아무것도 없더라, 할 수 있는 건 시 쓰는 일밖에 없더라"며 그녀를 생각하면서 시를 쓰고 계신다고 했다. 아마 그때 선생님 연세가 일흔다섯쯤 되었을 것이다.

어쩌다가 남의 나라 땅에 와서 외롭게 살아오신 선생님은 오랫동안 친구처럼 함께 살다가 먼저 떠나신 피아니스트였던 부인을 못 잊어 하시며 사모의 시를 줄줄이 쓰셨다.

이때 쓰신 '박남수 시인의 아내에게 바치는 시(詩)'는 여러 회에 걸쳐 세계일보 문화면에 시리즈로 나갔다. 이 시가 나가자 독자들로부터 많은 전화가 걸려왔다. 시를 읽으면서 울었다는 것이다.

그때 선생님의 시는 시를 쓰기 위한 시가 아니었다. 부인에게 바치는 남편의 꾸밈없고 진실한 사랑의 노래였다. 그 시는 평소 발표하신 선생님의 다른 시들보다 이민자들인 독자들에게 몇 배나 더 큰 감동을 불러일으켰다.

제일 먼저 써서 보내신 시가 「훈련」이다. 이 시는 나도 울면서 읽은 작품이다. 몇 번을 읽어도 가슴이 찡하면서 부인을 먼저 보내신 후 불편하고 외롭게 사신 시인 박남수 선생님의 심정을 아프게 느끼게 해준다.

팬티 끈이 늘어나
입을 수가 없다. 불편하다
내 손으로 끈을 갈 재간이 없다
제 딸더러도 끈을
갈아달라기가 거북하다
불편하다. 이제까지
불편을 도맡았던 아내가

죽었다. 아내는
요 몇 해 동안, 나더러
설거지도 하라 하고, 집 앞
길을 쓸라고도 하였다
말하자면 미리 연습을 시키는
것이었다. 그런데 성가시게 그러는 줄만
여기고 있었다. 빨래를 하고는
나더러 짜달라고 하였다
꽃에 물을 주고, 나중에는
반찬도 만들어 보고
국도 끓여 보라고 했다
그러나 반찬도 국도
만들어 보지는 못하였다
아내는 벌써 앞을
내다보고 있었다. 팬티
끈이 늘어나 불편할 것도
불편하면서도 끙끙 대고 있을
남편의 고충도.

선생님은 부인을 떠나보낸 뒤, 그녀 살아생전에 "나, 당신 사랑하오"란 말 한마디 못한, 그렇게 주변 없는 남편이었음을 안타까워하며, 주옥같은 사랑의 시를 토해내셨다.

선생님은 이때 쓴 시를 모아 1993년 부인의 타계 1주기 때 '사랑하는 아내 강창희의 영전에 드린다'는 글과 함께 시집

『그리고 그 이후』를 펴냈다. 그리고도 계속 시를 쓰셨는데, 다음해에 일곱권 째 시집 『소로』를 한 권 더 내신 후 부인의 뒤를 따라가셨다.

오늘, 빨간 수박을 먹으면서 10년 전 박남수 선생님이 보여주신 '시인의 사랑'을 다시 생각한다. 그때 선생님의 선물은 이 세상에 없을 '시인의 사랑'에 대한 훈련이었는지도 모른다.

전화선을 타고 들려오는 "날씨가 아주 더운데, 잘 있었어요?" "시를 좀 써 봐요." 하는 선생님 목소리가 오늘따라 더욱 그립다.

3.

사진 몇 장

새해에는 더 많은 복 쏟아져라

올 한 해도 속절없이 흘러갔는가. 다사다난했던 이 해가 이틀을 남겨놓고 웅크리고 있다. 떠나기 싫어 뒷짐을 진 듯 섣달의 겨울치고는 춥지도 않은 날씨다. 간혹 비를 쏟아내더니 크리스마스엔 하얀 눈이 펑펑 내려 은세계를 만들어서 아이 어른 모두 눈을 맞으면서 좋아했다. 미국 와서 오랜만에 맞이하는 화이트 크리스마스였다.

크리스마스나 연말엔 눈이 내려야 제멋이 난다. 펑펑 쏟아지는 눈이 꼭 어느 영화에서 본 장면처럼 아름답다. 그냥 바라만 봐도 마음을 설레게 하는 눈 내리는 크리스마스. 아이들처럼 신이 난다.

딸네 집에 사는 앞집의 미국인 할아버지는 눈사람을 크게 만들어 문 앞에 세워 놓았다. 코 아래 양쪽으로 나뭇가지를 붙인 수염이 멋있게 나 있는 눈사람은 한쪽 팔에 빗자루를 들고 있는데, 모자를 씌워놔서 장난꾸러기 머슴애 같다.

7, 8년 전까지는 우리 집 잔디밭에도 저런 눈사람이 있었다. 눈이 많이 쏟아지는 날이면 중 고등학교에 다니는 두 살 터울의 아이 셋이 눈을 굴려 저희들을 닮은 눈사람을 키대로 만들어 세워놓고는 저희들 취향대로 눈썹과 입술, 수염을 붙이고 모자를 씌워서 눈사람 꼬마 3남매를 만들곤 했다. 그것은 한국에 살면서 마당에 만들어 놓았던 눈사람과 똑같은 모양이었다.

한국에서는 집이 산등성이에 있어서 마당의 눈 아이들은 마을을 내려다보면서 온갖 구경을 다 했었는데, 이곳에서의 눈사람들은 이따금 지나가는 마을 사람들 몇 명을 바라보는 게 전부다.

잔디밭의 나무마다 작은 전구알을 달아서 만든 트리가 빛을 발하는 가운데 눈 아이 세 남매는 옆으로 나란히를 하고 오가는 사람들의 눈길을 끌며 오랫동안 동네 사람들의 사랑을 받았다. 밤이 되면 더욱 아름다운 하얀 눈나라의 주인공이 되곤 했는데, 그런 눈사람도 큰딸애가 시집을 가버리자 밑의 아이들은 흥이 없어졌는지, 매해 위 아랫집이 모두 주렁주렁 반짝이는 트리를 단장하여 화려한 크리스마스를 맞이해도 우리 집만 캄캄했다.

이번 크리스마스처럼 눈이 펑펑 쏟아지는 날이면 왁자지껄 떠들면서 눈싸움도 하고 눈사람을 만들면서 누구 것이 제일 예쁜가를 다투며 즐거워하던 어린 시절 아이들의 모습이 눈에 선하다. 그것은 바로 4, 50년 전의 내 모습이기도 하다. 그런데 세월은 이렇게 덧없이 흘러갔고, 내 또래였던 아이들도 다 자라서 언제 그런 시절이 있었는가 싶게 너무도 어른이 되어 있다.

올해는 하루 종일 내려서 바깥에 나갈 길조차 없이 쌓인 눈을 늦은 밤 1시가 넘은 시각까지 딸아이 혼자 치워 문 앞의 길과 새벽에 차가 나갈 길을 냈다. 쌓이는 눈 치울 걱정을 하다가 잠이 든 아빠 몰래 나가서 혼자 삽을 들고 눈을 치운 딸애의 마음이 아름답다. 크리스마스라고 한가로이 함께 해주지도 못했는데, 사랑의 빚만 자꾸 진다.

이제 며칠 후면 이 해도 다 간다. 무언가 한다고 했는데, 뚜렷하게 내세울 것 없이 사무실만 왔다 갔다 하면서 그냥 보낸 한 해다. 어쩌면 여느 해보다 더욱 많은 것을 배운 해이기도 하다. '사람을 너무 믿지 마라, 믿는 도끼에 발등 찍힌다'

라는 인생공부도 했다. '열 길 물속은 알아도 한 길 사람 속은 모른다', '아는 길도 물어서 가라', 이런 속담이 다 맞는 말인 것을 체험한 해이다.

그렇다. 대부분 사람들은 자신이 어떠한 정도에 속해 있는지를 잘 모른다. 좀 괜찮은 사람들은 겸손해서 존경을 받는다. 그러나 어디가나 자신이 최고인 사람들이 있다. 그렇지도 않은데 자신이 똑똑한 줄 아는 사람, 자기가 아니면 안 된다고 믿는 사람, 그래서 어깨에 힘을 주며 사람들 위에 군림하려 하거나 쓸데없는 망상에 사로잡혀 일들 그르치는 사람들….

그런 사람들 때문에 사회가 흙탕물이 되어가는 것 같다. 사회를 어지럽히는 것이 도둑질이나 성문제만은 아니다. 슬픈 꿈속에서 헤매는 반쯤 넋 나간 사람들의 바보 같은 행위가 사회의 평안을 그르치고 있음을 자신들은 모른다.

시간이 참으로 잘도 흐른다. 세월이 빠르다. 아이가 금방 어른이 되고, 어른이 더 빨리 어른이 되는 세월. 새해에는 우리 한국인이 미국에 이민 온 지 1백년이 된다. 강산이 열 번이나 변한 세월을 우리는 코리안 아메리칸이 되어 미국에서 살고 있는 것이다. 그 1백년간 우리는 얼마나 많은 이민역사를 만들면서 서럽고 외로운 이민살이를 하고 있는 걸까.

새해에는 모든 것이 좀 달라졌으면 좋겠다. 사람들의 정신이 좀 달라지고 가정과 직장이, 사회가 변했으면….

며칠이 지났는데도 집 앞에는 눈이 녹지 않고 그대로 쌓여 있다. 앞집의 눈사람도 웃으면서 빗자루를 흔들어댄다. 이렇게 많은 눈이 또 오면 눈사람을 만들어야지. 열 살짜리 아이가 되어 눈사람을 만들 것이다. 웃는 입에 오뚝한 코의 잘생긴 눈사람을 만들어 집 앞에 세워 놓을 것이다.

새해에는 많은 복이 쏟아지리라. 내 좋아하는 모든 사람들에게도. 쏟아지는 눈처럼 복이 막 쏟아져라.

추억의 벽

한국서 사진이 왔다. 우편으로 사진을 받는 것도 참 오랜만이다. 편지는 물론 사진까지도 이메일로 받는 세상이니까.

함양 용추계곡 폭포를 배경으로 찍은 사진 속에서 화가 이목일과 정목일 수필가, 그리고 내가 웃고 있다.

아름다운 풍광의 용추폭포가 눈에 선하다. 더운 날 시원하게 쏟아져 내리는 폭포소리가 아직도 귀에 들리는 듯하다. 사진 속에는 그 폭포가 세 사람의 등 뒤에서 하얀 물줄기를 뿜으며 아직도 흘러내리고 있다.

용추폭포는 크기는 작지만 개성의 박연폭포와 닮아있다. 폭포가 흘러서 만들어진 못에 황진이가 긴 머리를 붓 삼아 썼다는 이백의 시 '박연폭포'가 새겨진 용바위만 없을 뿐이다. 그 폭포 아래에 있는 소에 발을 담그고 싶은 충동을 참으면서 여러 번 사진 찍기를 했다.

사진이란 작은 한 장의 종이 속에 추억을 그대로 담고 있는 것. 사진을 보면서 한여름 더위에 땀 흘리며 화가와 수필가와 용추폭포에서 어울리던 그때를 회상한다.

여러 장 가운데 잘 된 사진 한 장 골라서 사무실 책상 왼쪽 벽에 붙인다. 이 벽은 언제부턴가 만들어진 내 개인 사진 전시판이다. 무작위로 다닥다닥 붙은 사진들. 세월이 흘러도 내 그리운 사람들이 옛 모습 그대로 머물러 있는 곳이다.

벽에 초등학교 게시판처럼 사진을 가득 붙여보는 것도 재미있다. 사무실 벽에 사진 붙이기는 친한 이들이 한 분, 두 분이 세상을 떠나면서 그들과 찍은 사진을 벽에 붙이기 시작한 나의 중요한 놀이이다. 벌써 한 5, 6년은 된 것 같다. 그러다가 디지털 카메라를 사용하면서부터는 그 놀이도 쉽지 않아졌다. 요즈음엔 사진도 컴퓨터에 들어가 있는 세상이어서 벽에 붙일 사진이 예전처럼 생기지 않는다.

벽에는 오랫동안 어울리던 사람들이 나와 함께 웃고 있다. 멀게는 20년쯤, 짧게는 4, 5년 전의 사람들. 모두 뉴욕서 만난 사람들이다. 김포화백 부부, 김태신 화백, 설치작가 전수

천 부부, 가수 한대수, 시인 김남조, 설치작가 강익중 부부, 배우 김지미, 흘러간 배우 조미령, 조원일 뉴욕 총영사 부부, 전위무용가 홍신자, 화가 변종곤, 박양우 뉴욕문화원장, 바이올리니스트 김진….

이미 이 세상 사람이 아닌 얼굴도 여럿 있다. 정크 작가 정찬승, 알작가 이병용, 비디오 아티스트 백남준, 꽃꽂이 연구가 김연하, 화가 김 나, 조각가 이강자….

그 사진들을 하루에 몇 번씩 쳐다보면서 그들을 생각한다. 그러나 이제는 디지털 카메라로 찍은 사진을 그냥 컴퓨터에 입력하면서부터 내 카메라 속에 담긴 사람들도 컴퓨터 속으로 들어간다. 그래서 세월이 멈춰버린 것 같다. 그들을 보려면 컴퓨터 속을 헤집어야 한다.

벽에서 웃고 있는 사람들, 아마 3년 혹은 5년 후에 그들 가운데 누군가는 또 이 세상을 떠날 것이다. 그러나 그들이 떠나더라도 그들은 나의 벽에서는 그대로 살아있을 것이다.

누군가가 이런 말을 한 적이 있다. 이제 사람들을 정리하자고. 새로운 인연을 만들지 말고, 있는 사람들 가운데서 좋은 사람들만 만나자고. 살아온 세월보다 앞으로 살아야 할 세월이 더 짧으니까. 그래서 웃으며 살자고.

어쩌면 맞는 생각인지 모른다. 그러나 요즘 와서는 좋은 사람 만나기도 쉽지 않다. 예전 한국에서와 같은 정서가 아니기도 하겠지만 대부분 사람들은 너무 바쁘다. 보고 싶으니 만나서 차라도 한 잔 하자며 전화를 했을 때, 금방 그래, 하고 튀어나올 사람 몇이나 될까. 사실 그러기에는 너무 바쁘고, 너무 나이가 들었고, 너무 지쳐있다. 그래서 너무 삭막하다.

당신은 이렇게 모래바람 속의 사막을 걷는 것 같은 삭막하기 그지없는 이민생활을 하고 있는 것을 아는가. 가끔 이런 마음을 추스르기 위해 강이나 바닷가에 가서 그냥 앉았다 오고 싶은 생각이 일지는 않는지.

이럴 때는 철들어서 자주 가던 대구의 소라야 빵집이나 수성못, 명동의 하이마트를 생각한다. 너무 멀어서 가볼 수도 없는 곳들. 그때 함께 어울리던 친구들을 생각한다. 아마도 여고 때나 대학시절일 것이다.

먼 훗날 이런 생각하는 날이 돌아올 때 뉴욕의 생각나는 곳은 어디일까. 뉴욕 생활한 지 벌써 20년이 지나고 있는데, 그렇게 추억의 장소가 될 만한 곳이 언뜻 떠오르지 않는다.

하루 종일 신문과 컴퓨터를 들여다보다가, 귀가 얼얼하도록 수화기를 들고 있다가, 밤이면 무슨 행사장을 돌다가, 아주 늦은 밤에 녹초가 되어 돌아가는 집. 길은 멀어도, 그래도 집엔 새도 울고 풀도 자라고 하는데, 그런데도 꼭 남의 집 같이 근근이 몇 시간 잠만 자고 다시 나오는, 그런 이민생활을 하면서 나이답지 않게 추억을 그리워하며 산다.

그래서 나의 벽에 붙은 사진 속의 사람들은 매일 하루에도 몇 번씩 만나는 소중한 추억속의 사람들이다. 그들과 매일 함께 살고 있는 것이다.

오늘 오랜만에 사진 한 장 붙이면서 또 하나의 추억의 장소와 사람을 내 곁에 붙들어 맨다.

그러고 보면 사진 속의 장소는 모두 추억이 담겨 있다. 산, 산장, 연주장, 갤러리, 미술관, 사찰, 호수 등등.

세월은 자꾸 흐르는데, 앞으로 이 벽에 얼마나 더 많은 추억 만들기 사진이 붙게 될까.

잘 자요, 엄마!

"잘 자요, 엄마!"

딸이 엄마에게 인사를 하고 나간다. 그리고 총소리가 난다.

딸의 죽음 앞에서 "난 네가 그렇게 외로운지 몰랐었어." 하며 오열하는 엄마.

여기저기서 훌쩍훌쩍 울음소리가 들린다.

오랜만에 연극 한 편 「잘 자요, 엄마」를 보면서 내내 우울하다. 나의 이야기, 우리들의 이야기이기 때문이다.

사랑하지만 사랑의 표현이 잘못되어 슬픈 이별을 한 엄마와 딸의 가슴 아픈 이야기. 눈물을 줄줄 흘리면서 17년 만에 처음으로 한국에서 본 연극이다.

'잘 자요, 엄마'는 미국의 마샤 노만(Marsha Norman) 원작이다. 1983년 희곡부문 플리쳐상과 수잔 스미스 블랙번 상을 탄 작품으로 뉴욕서는 오프 브로드웨이에서 브로드웨이에 입성하여 대대적인 성공을 거둔 연극이다. 그리고 출연배우가 헐리우드에서 인기배우로 부상한 작품이기도 하다. 그 연극을 우리 배우들의 연기와 우리 말로 한 공연을 봤는데, 그 맛이 참 좋았다.

서울에서 열렸던 세계여성네트워크 회의가 끝나는 날 주최측인 한국의 여성부에서는 세계에서 모인 우리 한민족 여성들에게 연극 관람을 프로그램에 넣어 동숭아트센터 소극장으로 안내했다. 동숭아트센터는 미국에 오기 전까지 연극을 본다고 자주 드나들던 곳이다.

회의 기간 중에 연극을 보여주다니, 극중 어머니나 딸 나이의 여성들이어서 그랬을까, 우리 나라도 많이 발전됐네, 하면서 한국까지 와서 일부러도 못 가는 연극인데 '이게 웬 떡이냐'며 맨 앞줄에 자리를 잡았다. 서울에 온 지 며칠이 지났는데도 시차에서 벗어나지 못해 피곤한 눈을 부릅뜨고 연극을 열심히 봤다.

소극장엔 우리들만으로도 꽉 찼다. 어둠이 걷히면서 무대가 눈에 들어왔다.

미국의 어느 시골 집 거실. 부엌이 보이는 거실에는 소파와 작은 테이블이 있고, 테이블 위에는 잡지와 뜨개질 책이 널려 있다. 사탕접시도 보인다.

이 무대에서 실제 모녀간인 윤소정, 오지혜 두 여배우가 막간 없이 85분을 공연했다. 그들은 실제처럼 열연을 했다. 무대 속의 시계와 우리가 차고 있는 손목시계의 시간이 함께 흘러가고 있었다.

그 시공에서 극중의 엄마와 딸은 나와 내 딸, 나와 어머니, 우리와 우리들의 딸과 어머니가 되어 서로 사랑을 확인하려 하면서 슬픈 종말을 향해 나가고 있었다.

"엄마, 나 자살할 거야."

딸 제시가 죽은 아버지의 권총을 다락에서 찾아와 어머니 델마에게 한 말이다. 아마 그게 극중 첫 대사였을 것이다. 딸이 그렇게 말한다고 해서 그 말을 믿을 어머니가 이 세상에 어디 있을까. 극중 엄마도, 객석을 가득 메운 관객 아무도 믿지 않았다. 그러나 시간이 흐르면서 그게 농담이 아님을 엄마도 관객도 깨달아간다.

딸 제시는 간질병 환자였다. 그녀는 남편에게 버림받고 아들은 좀도둑이 되어있는, 희망이라고는 조금치도 찾을 수 없는 여자였다. 그런 그녀는 삶에 지치고 절망해 있었다.

어머니는 간질병 환자인 이 딸을 남에게 알리고 싶지 않아 외부와의 연결을 차단시키고 집안 일만 하도록 했다. 이것이 딸에 대한 진정한 사랑이라고 생각한 것이다.

집에 갇혀 일만 하면서 고립된 삶을 살아온 딸은 자살을 결심하고 어머니에게 사실을 알린다.

"엄마, 산다는 게 도무지 즐겁지가 않아. 더 나빠질 걸 걱정할 이유도 이젠 없구, 지쳤어. 힘들어, 슬프구. 이용당한 기분이야."

그리고 자신이 죽으면 혼자 남을 어머니에게 쇼핑 방법과 세탁하는 방법 등을 하나하나 일러준다. 그것은 어린 자식에 앞서 먼저 죽어가는 어머니가 자식들에게 일러주는 말이거나, 남편 먼저 죽어가면서 혼자 남을 남편에게 알려주는 아내의 마음 같은 거였다. 이렇게 딸은 어머니에게 죽음을 알리고, 죽기 전 한 시간 반가량 어머니와 처음 대화를 나눈 것이다.

딸과의 대화로 딸의 진정한 마음을 안 어머니는 딸의 죽음을 막으려 했다. 그러나 제시는 왜 내 인생을 엄마 마음대로 결정하고 처리해 왔느냐고 엄마에게 처절하게 물으며 "잘 자요 엄마"라는 일상적인 인사말 같은 한마디를 남기고 자기 방에 들어가서 총소리와 함께 죽는다.

딸의 자살 앞에서 무기력한 어머니는 오열을 한다. 어머니는 딸이 죽고 싶을 정도로 외로움 속에 살아왔음을 이제야 알았다. 그녀는 "네가 그토록 외로운 줄 몰랐었다"며 막 운다. 관객들도 운다.

이 연극은 딸이 어머니의 소유가 아니라는 것을, 그리고 사랑하는 방법이 달라 서로를 이해 못하는 딸과 어머니와의 관계를 그렸다. 그것은 바로 우리들의 이야기이다.

연극을 본 지 한 달이 지났지만 아직도 모녀가 다투며 심각하게 내뱉는 대사 하나하나, 공연 모습, 관객들 모습 등이 가슴에 그대로 박혀 남아있다. "엄마, 나 자살할 거야." '잘 자요, 엄마." 총소리, 엄마의 울부짖음, 관객들의 우는 소리, 공연이 끝난 후 모두 눈이 벌겋게 충혈된 모습들….

무대 뒤에 가서 좋은 연기를 보여준 윤소정씨와 인사를 했는데, 그녀의 눈은 울어서 더 충혈되었고, 퉁퉁 부어있었다.

지금 이 시간 우리들의 가정 안에서도 딸의 외로움을 모르는 엄마들의 잘못 된 사랑법이 딸의 행복과 가정의 행복을 무겁게 짓누르고 있을지도 모른다. 연극 '잘자요, 엄마'처럼.

모래밭에 쓴 수필

'한국 서정수필의 대가 정목일의 은빛 수사학'. 그것은 수필가 정목일과 성은 다르지만 이름이 같은 화가 이목일과 함께 탄생시킨, 그림이 있는 수필집 『모래밭에 쓴 수필』이다. 나무와 해라는 뜻의 이름인 두 목일(木日)의 수필집 출간은 2004년에 낸 『달이 있는 바다』 이후 두 번째다. 정목일의 아름다운 문체의 수필이 담겨있는 이 책의 표지가 이목일이 즐겨 그리는 원색의 꽃과 동물 그림으로 환하게 밝다.

이름이 같은 글쟁이와 화가가 각자 삶의 최고의 무기인 글과 그림으로 함께 책을 만드는 일, 살아가면서 이런 일도 재미있을 것 같다. 나도 같은 이름의 화가를 찾아서 이렇게 예쁜 책 한 권 만들어 볼까? 개인전을 열고 있는 인사동 갤러리에서 화가 이목일로부터 책을 받는 순간 그런 마음이 들었다. 책을 펴보면 그런 욕심 한 번 가져보는 것도 괜찮을 것 같다. 수필가 정목일처럼 좋은 글을 쓸 수 있다면.

이름이 같아서 두 사람이 만나 호형호제하며 지낸 이들의 25년 세월이 아름답다. 좋은 인연으로 맺어진 사람들이어서 주위에서 부러워들 한다. 그들과 절친한 마광수 교수는 "수필가 정목일 형과 화가 이목일의 만남은 그 자체로 매우 즐거운 일이다. 왜냐하면 정목일 형은 내성적이고 드러나지 않은 사람인데 비해, 이목일은 외형적 성격으로 원색은 곧 진실이라고 외치는 사람이기 때문"이라 했고, 이외수는 "에세이집은 정목일 선생의 서정적인 글과 이목일의 원색적 그림이 어우러지면서 서로의 영적 교감이 마치 동녘에 떠오르는 붉은 해처럼 빛나는 것 같다"고 말했다.

'수필은 인생을 담은 그릇'이라고 말하는 수필가 정목일은 한국문단의 등단 수필가 1호다. 일간지 신춘문예나 문예전문지의 신인상에서도 수필이 시나 소설처럼 인정을 받지 못했을 때, 『현대문학』과 『월간문학』에서 최초로 수필가로 등단한 인물이다. 한국문협 수필분과 회장이면서 창신대 문창과 겸임교수, 『선수필』 발행인이다. 그동안 주옥같은 서정수필을 쓰면서 『모래알 이야기』, 『달빛 고요』를 비롯한 14권의 저서를 냈다. 정목일은 그렇게 30년 수필 외길을 걸어오면서 한국에 수필문학 인구를 늘리는데 큰 공헌을 했다.

그는 "수필 쓰기는 사소함 속에서 남들이 발견하지 못하는 보석들을 찾아내는 일이자, 자신만의 모습, 빛깔, 향기로 인생이라는 꽃을 피워 내는 일"이라며 "수필은 멀리 있지 않다. 나의 생활 곁에, 삶의 곁에 있다. 슬픔의 곁에, 눈물의 곁에, 기쁨에, 정갈한 고독의 한 가운데에 있다"고 했다. 이러한 정목일에게 금아 피천득 선생은 "정목일은 한국적인 서정의 재발견과 음미에 관심을 두고 등단 이후 한결같이 서정수필의 맥을 캐온 수필가이다. 그의 수필은 아름답고 명상적이며 읽는 이에게 맑음과 삶의 깨달음을 준다"고 평했다.

화가 이목일은 마광수와 2인전을 열면서 화제가 되기도 했던 서양화가. 중앙대학교 회화과와 일본 창형미술학교 판화과를 졸업하고, 뉴욕의 아트 스튜던트 리그에서 수학한 그는 "원색은 진실이며 생명이 바탕이자 자연의 색이다. 그 강렬함을 통해 아이 같은 순수로 돌아가고 인간 본연의 모습을 깨우칠 수 있다"고 말하는 원색 찬미의 실험 작가다. 그동안 미국, 중국 등 해외전시를 비롯한 20여 회의 개인전과 수백회의 그룹 기획전에 참여해왔다. 지난 2003년 뉴욕서 호랑이 1

만 마리 수묵화전을 열기도 했던 이목일은 현재 북경에서 북경올림픽 기념으로 호랑이 1만 마리 그림전을 열어 현지인들에게 인기를 모으고 있다.

수년 전 이목일의 작품을 내가 운영하는 스페이스월드 갤러리의 70인 작가 그룹전에 출품시킨 적이 있다. 이번 수필집 표지와 조금 닮아있는, 더 원색적인 동물 그림 두 점이었다. 한 부부가 중학생과 초등학생 등 아이 셋을 데리고 와서 전시회를 관람했다. 그때 아이 아빠가 어떤 그림이 좋으냐고 묻자, 아이들은 벽에 나란히 걸려있는 이목일의 그림 두 점을 가리켰다. 그날 이목일의 그림 모두가 그 가족에게 팔려갔다. 1백점이 넘는 70명 작가의 그림 가운데, 때 묻지 않은 아이들의 눈에 비친, 아이들이 좋아하는 그림이 이목일의 작품이었던 것이다.

『모래밭에 쓴 수필』은 정목일의 「풀밭」, 「모래알 이야기」, 「떡살을 보며」, 「토기 앞에서」, 「대금산조」, 「삼베」 등 52편의 글과 자연의 아름다움을 그림으로 표현한 이목일의 크고 작은 그림 60여 점이 어우러져 있다.

가슴을 포근하게 해주는 수필가 정목일의 서정의 글 모음 『모래밭에 쓴 수필』은 오늘을 사는 우리 모두의 얘기가 아닌가 싶다. 이 책을 읽으면서 수필가 정목일이 많은 세월 눈 돌리지 않고 오직 수필만을 써온, 진정한 수필가로서의 아름다운 고집을 배운다. 또 수필이 무엇인지, 왜 수필을 쓰는지, 수필은 어떻게 쓰는지도 알게 된다.

책머리에 쓴 그의 고백이 문학소녀로 돌아가게 한다. 외로움에 젖어있는 이민자인 나의 작은 가슴을 울렁이게 한다. 그것은 나의 마음이기도 하다.

"나는 수필이 있어서 외롭지 않았다. 수필과 벗하며 고독의 길을 걸어왔다. 수필을 통해 마음을 씻어낼 수 있었고, 아픈 마음을 치유할 수 있었다."

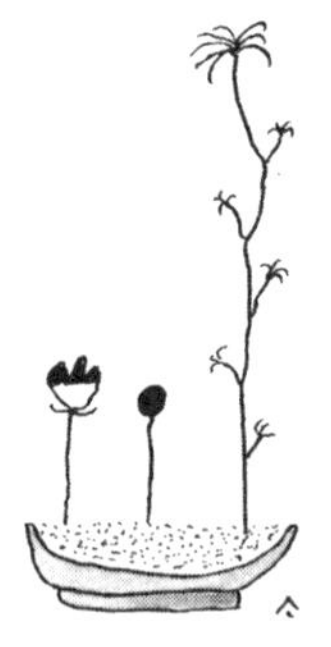

별유천지 나의 작은 숲

아름다운 세상을 만나려면 숲으로 가야 합니다. 꽃과 나무와 음악이 있는 숲. 그런 숲을 하나 갖고 싶었습니다. 그러나 그건 꿈일 뿐, 정말은 쉽지 않습니다. 숲이 어디 혼자 것인가요. 그래서 나는 내 사무실 방에 작은 숲을 만들었습니다. 누구나 와서 공유할 수 있는 아주 작고 예쁜 숲 말입니다.

수년 간 서 있는 큰 피스릴리와 행운목, 고무나무, 군자란 등을 뒤쪽으로 몰아놓고, 내가 앉은 자리 앞 소파와 찻자리를 중심으로 작은 풀꽃 정원을 만들었습니다.

강아지풀, 토끼풀 같은 들풀을 작은 유리병에 꽂습니다. 봄에는 제비꽃과 달맞이꽃, 애기똥풀 같은 작고 예쁜 꽃들도 꽂았는데, 지금은 한여름에나 볼 수 있는 풀꽃들뿐입니다.

작은 도자기 병에는 조각품을 타고 개여뀌와 함께 꽂힌 메꽃 덩굴이 올라가고 있습니다. 포도송이처럼 자주색 열매가 주렁주렁 달린 자리공도 있습니다. 찻자리를 중심으로 이런 것들로 작은 초록의 숲이 만들어졌습니다.

내 작은 숲의 풀꽃들이 시들거나 죽으면 속이 상합니다. 더구나 누구로부터 받은 꽃이 잘못되면 더 많이 속상합니다. 요 며칠 동안 정말 슬픈 일이 생겼습니다. L은 꽃으로 나를 자주 행복하게 해 줍니다. 그녀는 반생을 꽃과 함께 살고 있습니다. 그녀가 얼마 전에 예쁘고 앙증스런 오키드 화분 하나를 나에게 안겨주었습니다. 주먹만한 작은 사기 화분에 넉 장의 파란 잎이 두 장씩 엇비슷 겹쳐서 나 있고, 팔뚝 길이만 한 키에 진보라색 꽃잎 다섯 장이 나란히 피어있는 꽃입니다. 이름이 '팔래노프시스(Phalawnopsis)'라고 합니다. 초록의 숲에서 이 보라색 꽃은 금방 여왕이 되었습니다.

어느 날 나의 작은 숲에 손님이 왔습니다. 한의사 C입니다. 그는 가끔 좋은 보이차를 들고 오는 나의 팬입니다. 집에서 뇌수술을 하여 몸을 가누지 못하는 부인의 병시중을 들고 있는 착한 사람이지요. 어려운 가운데에서도 병든 부인을 사랑하는 남편의 애틋한 마음이 아름다워서 예쁜 이 꽃을 부인의 머리맡에 놔 주라고 그에게 줬습니다. 그의 부인의 병이 빨리 낫기를 바라는 마음에서였지요. 그런데 그가 싫다고 했습니다. 내가 누군가에게 받은 아끼는 꽃이라는 것도, 이 숲에서 유일한 색있는 꽃이라는 것도 알면서 그는 내 마음이 섭섭할 만큼 완곡하게 거절했습니다. 나에게 이 꽃을 준 L도 당신 부인에게 줬다면 좋아할 것이라고 말했는데도 그에게는 먹혀들지 않았습니다.

그가 꽃을 받지 않은 이유는 이러했습니다. 생명 있는 것은 언젠가는 죽으니까, 이 꽃도 지금은 아름답지만 얼마 안 가서 시들 것이고, 마침내는 죽을 것이기 때문이랍니다. 그는 꽃이 시들어 죽는 것을 부인에게 보여주기 싫었던 것이지요. 그러나 나는 그의 말을 이해하면서도 그 말이 맘에 들지 않습니다. 풀과 꽃을 좋아하는 나는 항상 그것들과 함께 살고 있으니까요.

팔레노프시스는 있던 자리에 도로 놨습니다. 그런데 그 꽃에 이변이 생겼습니다. C가 다녀간 며칠 후 보라색 꽃잎 한 장이 시들해지더니 거짓말처럼 바닥으로 떨어졌습니다. 그리고 또 며칠이 지나자 차례로 한 잎씩 떨어졌습니다. 파랗던 이파리도 노랗게 변하더니 똑똑 떨어져 나갔습니다.

나의 가슴에서 작은 불꽃이 튀었습니다. 그렇게도 싱싱하던 팔레노프시스가 꽃도 이파리도 다 떨어져 버리고 긴 대 아래 파란 잎 한 장만 달랑 달고 있는 것입니다. 슬픔이 밀려왔습니다. 너무나 갑자기, 단 며칠 만에 이런 일이 벌어졌기 때문입니다.

얼마간 속상해 하며 지내다가 문득 C가 생각났습니다. 전화를 했지요. 그가 달려왔습니다. "당신이 저 꽃을 가져갔으면 그대로 있었을 텐데, 그 예뻤던 꽃이 저렇게 되어버렸다"며 꽃을 가져가지 않은 그를 막 원망했습니다. 그런데 죽어가며 볼품없이 변해버린 팔레노프시스를 본 그는 혼자 말처럼 '야, 와이프가 살겠다, 낫겠다."고 외치듯 큰소리로 말하는 것이었습니다. C는 만약 자기가 꽃을 가져갔다면, 어쩌면 와이프가 보는 앞에서 저렇게 죽었을 게 아니냐고, 죽어가는 저 꽃 대신 자기 와이프에게 좋은 일이 생길 것 같다고 말했습니다.

그는 생명 있는 것은 다 죽으니 너무 속상해 하지 말라고 나를 위로했습니다. 그러나 나는 그 꽃이 그렇게 빨리, 갑자기 시들어서 죽어가는 것이 슬픕니다. 그 꽃을 준 사람의 마음이 담겨 있어서 더 그렇습니다. 오래오래 살게 해야 했는데, 그리 하지 못해서 그녀에게도, 꽃에게도 너무 미안합니다. 혹시 내가 남의 집에 보내려고 했기 때문일까요.

그렇게 허망하게 예쁜 팔레노프시스 하나 보내고 속상해 하는 중에 석란(石蘭) 화분이 하나 생겨 또 비상입니다. 내 작은 숲에 와 본 K가 잘 어울릴 것이라며 가져온 것입니다. 이 석란은 주먹 두 개 크기의 구멍이 숭숭 뚫린 바위 모양의 돌에 얹혀서 네댓 장의 나비 같은 작은 이파리를 달고 있고, 줄기처럼 생긴 뿌리는 문어발 같이 사방으로 퍼져서 돌에 붙어 아래로 흘러내리고 있습니다.

석란은 처음이라서 겁이 납니다. 그냥 화분의 꽃도 속절없이 죽였는데, 돌에서 크고 있는 난을 어떻게 키울 것인지 큰 숙제입니다. 매일 한 번씩 물을 주라 했지만, 돌이 마르지 않게 스프레이로 아침저녁 두 번 물을 뿌려줍니다. 퇴근하면 밤새 문이 꽁꽁 닫혀서 바깥 공기 한 번 마시지 못하기 때문입니다.

이번엔 이렇게 작은 석란 분 하나로 비상인 것입니다. 또 잘못될까 봐 그런 것이지요.

나의 작은 숲은 이렇게 많은 이야기를 만들고 있습니다. 아주 작지만 꽃과 나무와 음악과 차가 있는 아름다운 세상이지요. 이제 이곳은 이민사회의 다양한 사람들이 와서 쉬다 가는 마음의 쉼터가 되었습니다. 늘 행복한 대화가 오가지요. 그래서 사람들은 별천지라고 말합니다. 맞습니다. 이곳은 나의 별유천지입니다. 이백의 시 「산중문답(山中問答)」에 나오는 '별유천지비인간(別有天地非人間)'이 하나도 부럽지 않습니다. 복잡한 이민살이 하면서, 매일 이런 속에서 산다는 게 얼마나 행운인지요.

그대, 별유천지- 나의 작은 숲으로 오지 않겠습니까.

어느 날 기억을 잃어버린다면

만약 지금 이 순간 내가 기억을 잃어버린다면? 이제껏 살아온 내 속의 내가 사라져 간다면? 그래서 내 과거를 영영 찾을 수 없다면?

노인들에게나 생기는 치매가 아니라, 한창 열심히 일하고 재미있게 살아야 할 젊은 나이에 기억 상실자가 된다면? 그래서 남편도, 아내도, 사랑하는 자식들도 몰라본다면?

기억이 사라진다면 과거를 모르는 사람이 되겠지. 그러면, 생각이 텅 비어 기억을 할 수 없으면, 인생의 조퇴자가 되는 것인가?

누구 이런 사람이 있을까. 혹시 어느 순간 내 기억이 사라질지 몰라서 지금 정신이 살아있을 때 자신의 모든 것을 초등학생처럼 일기로 쓰고 있는 사람. '오늘은 X월 X일. X 시에 누구를 만나고, 어디에 가서 무엇을 했다.'…

그런 남자가 있었다. 40대 후반에 과거를 잃어버린 남자. 지난날을 기억 못해서 사랑하는 가족과 이웃을 잊어버린 남자. 그래서 '나'를 잃어버린 불쌍한 남자.

영화를 봤다. 제목이 「내일의 기억」. 일본영화다.

흐린 날씨 탓으로 약간 우울한 날, 어김없이 꽃선생님으로부터 전화가 왔다. 그런데 '날씨가 이러니 사우나 가자'가 아니라, '오늘은 날씨도 이러니 우리 영화나 가자'였다. 그녀는 이미 티켓을 예매해 놓았고, 나는 그녀의 영화에 관한 수준을 잘 알기에 무조건 따라가기로 한다. 「섈 위 댄스(Shall We Dance)」, 「게이샤의 추억」도 다 그녀와 같이 갔던 영화다.

맨해튼의 우울한 날씨처럼 「내일의 기억」은 우울했다. 영화는 49세의 건장하고 성실한 한 남자의 잊어가는 기억의 아픔을 잔잔하게 그려 애잔하고도 가슴 뭉클한 여운을 남게 했다.

"무슨 제목이 '어제의 기억'이 아니라 '내일의 기억'이람." 하면서 봤던 영화. 감명 깊었던 영화 「게이샤의 추억」에 나오는 와타나베 켄이 주인공인 이 영화는 보는 내내 우울했다. 그의 삶이 슬프고 불쌍해서 울면서 봤다. 꼭 우리 주위에서 쉽게 볼 수 있는 친근한 남자, 그런 평범한 가정에서 일어난 슬픈 일이어서 가슴 아려하며 봤다.

주인공 사에키 마사유키는 외동딸과 부인이 있는 49세의 가장이다. 광고회사의 능력있는 중견간부로 열심히 일하면서 좋은 남편, 좋은 아빠로 살아가는 착실한 남자다. 그가 어느 날부터 머리가 아프면서 회의 시간을 잊고, 같은 물건을 자꾸 사들이고, 사람들의 이름을 자주 잊어버린다. 그리고 매일 다니던 거리에서 길을 잃어버린다. 그는 그렇게 기억을 잃어갔다.

그는 병원에서 알츠하이머 진단을 받는다. 알츠하이머는 우리말로 퇴행성 뇌질환. 치료를 받아도 나을 수 없는 병이다. 기억을 잃어버리는 병, 과거를 잊어버리는 병이다. 그래서 알츠하이머는 이 세상에서 가장 잔인한 병이라는 말도 있다. 육체는 그대로 말짱한데 기억을 전혀 할 수 없는 병이기 때문이다.

증상이 심해가고 있는 사에키는 딸 결혼식 때까지 회사에 나가고 싶었다. 그러나 그의 자리를 탐내는 부하직원의 밀고로 회사에서 그가 알츠하이머 환자라는 것을 알게 되고, 그는 결국 퇴직을 한다. 사무실을 나오는 날, 사에키는 직원들의 이름을 쓴 자신의 얼굴사진 한 장씩을 주면서 "나를 잊지 말고 꼭 기억해 달라"고 말한다.

그는 딸 결혼식 날 가족 대표로 인사말을 하면서 사위의 이름이 생각나지 않아 애를 쓴다. 그리고 하객들에게 이렇게 오시어 감사하다며 "오랫동안 잊지 않겠다"고 인사를 한다. 그러나 그는 그 말을 지킬 수 없음을 알고 남몰래 운다. 가슴이 찡한 장면이다.

회사를 그만 둔 그는 손을 많이 움직이는 것이 좋다고 하여 도자기를 배우기도 한다. 어느 때는 아내에게 "당신은 아무렇지도 않아? 내가 더 이상 내가 아니어도?" 하면서 자신이 기억을 잃어가는 것에 대해 부인에게 미안해한다. 그러나 때로는 직장에 나가는 부인을 의심하는 투의 말로 싸우기도 한다.

부인의 헌신적인 도움에도 불구하고 증세가 심해지고 있는 것을 깨달은 사에키는 어느 순간 기억을 영 놓을 것이 걱정되어 일기를 쓰기 시작한다. '비망록'이라고 쓴 노트에 '어느 날 문득 보니 나는 일기를 쓰고 있었다. 갑자기 지금까지의 내가 사라질지 모르니까, 나에 대한 기록을 남겨둬야 한다고 생각한 것이다'라고.

사에키는 언젠가는 들어가야 할 요양원을 혼자 찾아가 그곳 상황을 미리 살펴보기도 한다. 그리고 예전에 아내와 처음 만났고, 청혼을 했던 산 속의 도자기 공방을 찾아간다. 그곳에서 아내와의 옛 추억을 되살리며 아내의 이름 '에미코'를 새긴 찻잔을 만들며 밤을 지샌다.

아침 일찍 사에키가 산을 내려가는데, 아내 에미코가 올라온다. 좁은 오솔길에서 서로 마주치는 부부. 그때 남편이 아내를 향해 말한다. "난 사에키 마사유키라고 합니다. 당신 이름은?" 아내는 "에이코."라고 대답한다. 사에키가 "이름이 참 예쁘군요." 한다. 이 장면에서 가슴이 막힐 듯 슬픔이 밀려온다. 가슴이 찡하면서 그냥 눈물이 나온다.

사에키가 밤새 기억의 끈을 놓쳐버린 것이다. 그래서 아내마저 몰라본 것이다. 이제는 기억할 수 없는 아내에게 남이 되어 말하는 남편의 눈과, 그런 남편의 모습을 보는 아내의 슬픈 눈. 그렇게도 기억들을 붙잡기 위해 노력했는데, 그는 밤사이 망각의 세계로 떠나버린 것이다. 그의 손에는 아내의 이름 '에미코'가 새겨진 찻잔이 들려져 있는데, 아내의 이름을 잊어버릴까봐 밤새워 아내의 이름을 찻잔에 새겨 넣었는데….

나는 그 순간의 그들을 보면서 막 울었다. 영화를 다 보고서도 그 장면이 떠오르면서 우울하고 가슴이 답답하고, 무언가 허전했다.

오기와라 히로시의 소설을 영화화 한 「내일의 기억」은 항상 곁에 있으면서도 무관심하기 쉬운 가족과 이웃의 사랑과 소중함을 느끼게 하는 영화다. 오랫동안 가슴에 남을 것이다.

어느 날 문득 기억을 잃어버린다면?

내일의 기억을 위해 오늘을, 지금을 소중하게 살아야 할 것 같다.

여성의 정체성

가을이다. 독서의 계절이다. 비교적 책과 함께 사는 편인 나는 요즘 들어 바쁘다는 핑계로 책 읽는 횟수가 점점 줄어들고 있었다. 옆에 책이 많이 쌓여 있어도 시집이나 산문집, 혹은 차에 관한 것 등 가볍게 읽을 수 있는 책들만 읽었다.

그런데 최근에 북클럽 회원이 되어 한 달에 한 권씩 무겁고 깊은 내용의 서양소설 한 권씩 읽고 있다. 여자들만 모이는 ABC북클럽에서다. 영문학자 최월희 박사가 리드한다. 뉴욕서 최고의 교수님을 모시고, 각분야에서 최고라 불릴만한 여자들과 함께 서양의 고전을 통해 여성의 정체성을 확인하고 있는 중이다.

가을은 여자들에게 더 가을이게 한다. 내 나이 또래의 가을 같은 여자들. 더 정확하게 말하면 50대에서 70대 나이의 여인들 열댓 명이 신명나게, 열정적으로 소설 속에 빠지고 있다. 전직 의사, 교수, 교사, 화가, 문인, 가정주부, 언론인 출신… 대부분 일찍 유학 왔거나 이민 와서 뉴욕에 터를 잡고 사는 여자들이다. 그들이 소설 속에 푹 빠져서 다시 학생이 되어 작가의 문학세계와 작품세계를 논하면서 아이덴티티를 배운다.

매달 책 제목이 정해지면 영어에 자신 있는 자들은 원문 소설로, 영어가 어려운 이들은 한글 번역판 소설을 읽고 와서 토론을 벌인다. 영어와 한국어가 섞인 토론이다. 간혹 엉뚱한 질문으로 웃음을 자아내기도 하고, 더러는 주인공이 어떻게 됐을 것이라며 소설가 같은 상상을 하기도 한다. 다들 열심이다.

한 달에 한 번씩 만나는 날은 이렇게 모두가 '그립고 아쉬움의 우리들의 젊은 날'을 되새김 한다. 모두 학생시절로 돌아간다. 미국에 유학을 와서 의사가 되고, 과학자가 되고, 선생님이었다 해도, 극도로 발달된 놀라운 이 디지털시대에 아날로그를 그리워하는 여자들.

아무리 디지털시대라 하지만, 아무래도 우리는 이 불확실시대에서 머리 지끈지끈, 가슴 울렁거리는 스트레스에 찌들어 살고 있다. 이민자라는 이유가 더 그렇게 만든다. 그래서 소설 속으로 더 파고든다. 소설 속의 주인공도 되어 보고, 소설을 쓴 작가가 되기도 한다. 그러면서 소설 속에 흐르고 있는 아이덴티티, 더는 여성의 아이덴티티를 살핀다.

이번 달에 선정된 책은 미국출신 작가 헨리 제임스(Hanry James)의 『여인의 초상(The Portrait of Lady)』이다. 두꺼운 책 3권으로 된 한글 번역판은 절판되었고, 대신 비디오테이프에 담긴 영화를 보기로 했다. 영어에 능통한 유학파 영어박사들은 두툼한 영어원문 소설을 읽는다. 최교수의 해설, 그리고 책을 읽었거나 영화를 본 회원들의 토론으로 돈보다 사랑과 자유를 찾아 가난한 남자와 함께 떠나는 여자 주인공을 설정한 작가의 작품세계를 이해한다. 이 북클럽의 특이한 점은 선정된 책이 없을 경우 영화를 본다는 것이다.

지난달 선정됐던 소설은 진 리스의 대표작 『광막한 사르가소 바다(Wide Sargaso Sea)』였다. 작가가 샤로트 브론테의 『제인 에어』에서 영감을 얻어 쓴 책이다. 제인 에어에 나오는 로체스터의 전 부인 버시 메이슨의 얘기로, 미친 여자가 되어 침대에 누워서 한마디의 말도 없는 그녀를 진 리스가 앙투아네트로 이름을 바꾸어 주인공을 만들었다.

소설 『제인 에어』는 여러 번 읽었고, 영화로도 몇 번 볼 정도로 친숙하지만, 『광막한 사르가소 바다』는 생소하다. 그런데 주인공이 『제인 에어』에 나오는 남자 주인공 로체스터의 미친 부인이라는 것이 흥미를 끈다. 그녀가 왜 그렇게 미친 여자가 되어 불쌍하게 갇혀 살아야 하는지, 왜 마지막에 불을 냈는지, 꼭 『제인 에어』 전판을 읽는 기분이다. 이런 책이 있다는 것을 안 것은 순전히 북클럽 덕분이다.

그동안 북클럽에서 읽고 토론한 책은 밀란 쿤데라의 『참을 수 없는 존재의 가벼움』, 입센의 『야생오리』, 플라톤의 『향연』, 제인 오스틴의 『설득』 등 주옥같은 책들이다.

몇 권을 제외하고는 쉽게 읽혀지는 책이 아니다. 흥미 위주의 가벼운 내용이 아니기 때문이다. 무슨 철학책을 읽는 것 같다. 가볍게 읽혀지지가 않는다. 회원들 가운데 이런 책을 다 읽은 사람이 몇 명이나 될까. 있다 하더라도 작품을 깊이 파고들면서 소설 속의 주인공들의 의식이나 철학, 삶의 방향, 그리고 작가와의 공감대를 얼마나 형성했을까 의문이다. 그런 의미에서 최교수님을 비롯하여 시인 백영희 선배 등 북클럽 진행자들의 노고가 눈에 보인다.

특히 최월희 교수님이야말로 베테랑 영문학자로 늘 우리 주위에서 문학과 미술 등 문화를 사랑하고 가르친 귀한 분이다. 우리가 미국에 이민 와서 이런 북클럽을 통해 최교수님의 강의를 들으면서 함께할 수 있다는 것은 그야말로 큰 행운이고 복이다.

앞으로 적어도 한 달에 한 권의 소설을 읽고 토론을 하면서 사랑과 그리움, 고통, 슬픔, 이별 등 작가의 메시지가 담긴 여성들의 정체성을 배우게 될 것이다. 그러면서 소설 속의 여자들이 어떻게 살아왔으며 자기 인생을 어떻게 전개시키는가를 알게 될 것이다. 그것은 현대를 사는 우리들의 문제이기도 하다.

북클럽에서는 대부분 약하고, 슬프고, 가련한 여자 주인공들에 대한 토론 외에 타지역 대학에서 강의를 하는 한인 대학교수를 초청하여 또 다른 문학에 대한 강의를 듣기도 한다. 또 회원들 가운데 전문가가 있어 건강에 관한 강의를 듣는 등 그런 재미있는 수확도 있다.

이런 북클럽 토론장의 모습 또한 오늘날 여성들의 아이덴티티가 얼마나 달라졌는가를 보여주면서 그 변화를 배우는 현장이기도 하겠다.

이 가을은 ABC북클럽이 선정한 책을 통해 마음이 살찌는 계절이다.

세계를 비상하는 부부

예술가라고 다 가난해야 된다는 법은 없다. 예술가가 잘 살아야 좋은 작품도 할 수 있다.

누가 사촌이 땅을 사면 배가 아프다 했는가. 사촌은 물론 가까운 친척 하나 없는 나는 친하게 지내는 설치작가 강익중이 세계적으로 유명한 작가가 되고, 큰 빌딩과 많은 땅 주인이 되는 것을 보면 신이 난다. 꼭 내가 그리 된 것처럼 좋아서 아는 이들에게 막 자랑한다. 그리고는 그의 빌딩에 데리고 가서 사방천지 내려다보이는 맨해튼의 밤풍경과 병풍처럼 둘러쳐진 뉴저지를 배경으로 한 허드슨 강을 보여주며, 아름다움에 감동하는 그들과 함께 또 감동한다.

맨해튼 첼시 25가의 21층 초현대식 빌딩 '첼시 아트 타워'. 이게 강익중의 빌딩이다. 많은 화랑 주인들이 조그만 갤러리라도 하나 갖고 싶어하는 곳, 많은 작가들이 전시회를 하고 싶어하는 곳, 그 첼시의 가장 중심에 강익중의 빌딩이 우뚝 섰다.

첼시에서 가장 초현대적인 빌딩이 한국사람 빌딩이라고 해도 감동할 지경인데, 그게 강익중 빌딩이라니, 우리 부부는 그 소식을 듣고는 함께 행복했다. 서서히 올라가는 빌딩이 빨리 지어졌으면 좋겠다면서, 첼시 근처에 가면 일부러 그 앞을 지나기도 했다.

빌딩이 완성되기 전부터 이미 각 층마다 경쟁하듯 유명갤러리를 비롯한 유명인들의 예술공간으로 다 찼다. 20층에 강익중의 개인 작품 갤러리로 정했다. 고급빌딩에 강익중의 개인 공간이 생긴 것이다.

빌딩이 완성되고, 강익중의 개인 공간이 다 꾸며진 후 그는 우리 부부를 초대했다. 20층 입구에는 휘트니미술관에서 15년 전에 전시했던 초콜릿 대형작품 맥아더 장군이 서 있었다. 빈 방을 지키던 맥아더가 전시 때보다 훨씬 큰 몸집으로 반긴다. 벽에는 강익중 특유의 3인치짜리 작은 캔버스에 담은 산 그림 수 백점으로 된 작품이 설치되어 있고, 그 산과 산이 이어져 숲이 된 설치 작품에서 새들의 노래가 물 흐르는 소리와 어우러져 아름답다. 일부러 산에 가서 새들의 소리를 녹음했다는데, 그의 작품으로 만든 테이블에 앉아서 그가 우린 차를 마시면서 새와 물 흐르는 소리를 들으니 꼭 깊은 숲속 계곡에 들어와 있는 것 같다.

벽 한 쪽 면에는 최근에 인기 절정인 달 항아리 그림들로 나열된 작품이 설치됐고, 바닥 한가운데는 생전에 강익중을 귀여워했던 백남준의 작품이 서 있다.

공간 4면 곳곳의 창문을 통해 맨해튼의 빌딩숲이 보인다. 창문을 통해 본 바깥 풍경은 꼭 프레임 속의 풍경그림 같다. 베란다에 서면 멀리 다운타운의 월스트릿도, 길게 누워있는 허드슨 강도, 그리고 강 건너 뉴저지도 한눈에 들어온다.

어느 하루는, 우리 부부와 가야금 연주자 P씨가 그곳에 갔다. 베란다에서 자유의 여신상이 보이나 어쩌나 하고 있는데, 갑자기 날씨가 흐려지면서 빗방울이 하나, 둘 떨어지더니 이내 소나기로 변했다. 하늘이 째지는 것 같이 번쩍번쩍 빛을 발하면서 치는 번개와 함께 우르릉 쾅쾅 천둥까지 요란했다. 무섭다는 내 말에 강익중이 "우리 기 받읍시다!" 하며 두 팔을 벌렸다. 무섭게 내리는 빗속에서 P씨와 우리 부부는 그를 따라 두 팔을 벌리고 길게 숨을 들이마셨다. 들이치는 비바람이 시원하면서 기분이 상쾌했다. 좀 전의 무서움이 없어졌다. 그곳에서 그런 희한한 날도 있었다.

베란다에 서면 바로 앞 블럭인 24가와 11에브뉴 선상에 거의 완성되어가고 있는 16층 고급콘도가 보인다. 작년부터 짓고 있는 강익중의 또 하나의 빌딩이다. 입주자의 파킹장 모두가 각 아파트의 리빙룸 옆에 달려있다는 세계의 명물이다.

죽었다 깨어나도 그런 곳에 살아볼 수 없다는 걸 잘 안다. 그래도 좋다. 어느 날인가 강익중 덕분에 그 빌딩 어느 층에 앉아서 아름다운 음악을 들으며 차를 마시거나, 밖을 내다보며 가슴 찡한 어떤 체험을 할지 모를 일이니까.

멀리 쌍둥이 빌딩이 있었던 자리 근처 제일 높이 우뚝 솟은 AIG 본사를 매입했다는 소식을 듣고 놀란 게 얼마 전이다. 그런데 최근에는 이 베란다에서 보이는 강변의 '피어54'를 매입하여 곧 영화 스튜디오로 짓게 된다는 그의 말을 듣고 또 놀랬다. 벌써 영화배우 로버트 드니로가 이곳에서 영화 축제를 열 계획을 하고 있다고 한다.

남미 파라과이에 경비행기 활주로가 있는 9만 헥타르(2억 7천만평)의 거대한 농장을 사들인 게 3년 전. 그곳에서 옥수수와 해바라기, 콩 등의 곡물을 1년에 2모작 반으로 재배하여 돈을 벌어들일 것이라 했다.

그런 얘기를 들으면서 평생 돈 버는 일을 해보지 못한 나는 내가 부자가 되는 것처럼 신나고 좋다.

강익중에게 이 모든 것의 주인임에 놀라워하면 "내가 아니고 와이프"라고 말한다. 그러나 남편과 아내는 하나가 아닌가.

48세의 젊고, 자그마한 체구의 깜직하고 똑똑해 뵈는 강익중의 와이프 마가렛(이희옥)은 원래 화가 지망의 그림 전공자다. 그러나 유학 초기 강익중이 청과상에서 일을 하지 않으면 안될 정도로 가난했던 시절, 그녀는 자신의 꿈을 접고 남편을 위해 부동산 개발회사 YWA에서 일을 한다. 그리고 남편이 작가로 성공하자 그녀는 꿈꾸던 화가의 길로 돌아가려 했다.

그런데 당시 YWA의 대표가 돈을 벌어 예술가 남편을 뒷바라지 하는 게 좋지 않겠냐는 제의를 했고, 마가렛은 그 말을 받아들였다. 그녀는 낮에는 계속 하던 일을 하고 야간에는 로스쿨을 다녔다. 그리고 몇 년 후 부동산 전문 변호사가 된 마가렛은 Y대표와 YWA의 파트너가 되었다. 오늘의 그녀가 있기까지 Y대표가 큰 역할을 한 것이다. 좋은 인연이다.

그런 그녀가 지금 세계적인 부동산 여왕의 자리를 향해 질주하고 있다. 여전히 남편이 존경받는 세계적인 작가가 되기를 바라는 마음으로 내조하면서, 하나뿐인 아들의 엄마노릇을 하면서.

너무 가난하여 차이나타운의 조그만 공간에서 손바닥만한 3인치짜리 아주 작은 캔버스에 그림을 그리던 강익중이 세계미술의 중심인 첼시의 한가운데에 우뚝 서 있는 명물 빌딩 주인이 되어, 그 빌딩 안에 설치한 자신의 그림 앞에 앉아서 무엇을 생각할까.

세계 곳곳에 그의 작품이 깔려있다. 가깝게는 플러싱 지하철역에, 샌프란시스코 공항에, 서울 광화문에는 달항아리가 그려진 대형 작품이 가림막으로 설치됐고, 과천 국립미술관에는 3인치 타일에 그린 6만 2천 개의 그림으로 백남준의 '다다익선' 작품을 감싸는 모양의 '삼라만상' 작품이 전시되고 있다. 내년엔 5월에 열리는 상해비엔날레 한국관 건립을 의뢰받았다. 광화문 설치의 20배 크기인 그 작품 준비로 지금 그는 몹시 바쁘다.

어쩌면 지금쯤 가난한 화가가 되어 있을지도 모르는 이들 부부. 돈과는 관계없이 살아온 그들이 지금 세계적인 부동산 갑부가 되어 가고 있다.

이들의 생활신조는 3H다. 건강(Health), 행복(Happy), 겸손(Humble).

그래서인지 그들은 건강하고, 행복하고, 겸손하다. 20년 전부터 오늘까지 변함없이, 한결같이 겸손하다. 앞으로도 계속 그럴 것이다. 그래도 빌딩이나 땅을 살 때마다, 작가로 더 유명해질 때마다 조금씩 더 겸손하라고 말하고 싶다. 그게 그들의 또 다른 귀한 재산이 될 터이니까.

세계를 향해 비상하는 그들 부부에게 사랑과 박수를 아낌없이 보낸다.

너무나 고달프고 고독해서

이제 추위가 다 간 것인가. 비도 다 내린 것인가. 4월인데도 겨울 같은 바람을 몰고는 음산하고 찌푸리거나 비오는 날씨가 계속 되다가 오늘 처음 햇살이 밝다.

두꺼운 옷을 입고 우산을 들고 다니면서 나이 든 여자들을 만나면 하나같이 이런 날은 사우나나 가면 좋겠다고 했는데, 오늘은 포근한 봄빛이 상쾌하다. 그런데도 마음이 무겁다. 20년 이민살이 집어치우고 한국으로 돌아가고 싶은 마음도 새록새록 든다. 아무래도 불쌍한 아이 하나 때문인 것 같다.

'버지니아 공대 대학살'이라는 말까지 생기게 하면서 세상을 떠들썩하게 만든 아이. 한국을, 한인들을 부끄럽게 만들고 있는 그 아이 때문일 것이다.

스물세 살의 조승희. 대학교 4학년이니 청년이다. 그런 나이가 되도록 부모도 멀고, 친구도 멀고, 외톨이가 되어 혼자만의 세계에 살다가 저 또래의 동료학생 32명이나 잔인하게 죽이고 저도 함께 갔다.

그 아이가 자꾸만 불쌍해진다. 여덟 살 철부지가 부모 따라 미국에 와서는, 돈 버느라 바쁘고 대화도 통하지 않는 부모와 생소한 미국문화 사이에서 말이 없어지고 고독했을 아이…. 이민 올 때는 '미국 가면 공부 잘 해서 훌륭한 사람이 되겠다'고 말했을 것이다. 우리 모두의 아이들처럼.

이민사회에서는 마약을 하거나 깡패노릇을 하면서 문제를 일으키는 아이들을 '문제아'라고 부른다. 우리는 잘못 풀린 아이들을 이런 측면에서만 봐 왔고, 이런 아이들을 선도하기 위해 애썼다. 그리고 이런 아이들을 가진 많은 부모들의 가슴앓이를 봐 왔다.

우리의 자녀가 무슨 전쟁이나 갱 영화에서 총을 막 쏴 대는, 그런 행동을 한다는 것은 상상도 못했다. 미국의 나쁜 문화에 물들어 자식이 잘 못 풀렸다 해도 어느 부모가 자식의 그런 잔인한 장면을 상상이나 할 수 있을까. 그런데 그런 일이 벌어진 것이다. 잘 살면서 잘 키워보겠다고 미국에 데리고 이민 온 우리 한인 가정의 아들이….

처음 신문에 난 안경 낀 얼굴 사진은 여느 평범한 한인가정의 아들 모습이었다. 그런데 CNN에서 보냈다는 총과 칼을 든 아이의 눈과 얼굴은 무섭도록 분노와 원망으로 똘똘 뭉쳐져 있었다. 그 부모는 자식의 가슴 속에 웅크리고 있는 그 분노를 어느 만큼이나 알고 있을까.

처음에 한국아이라는 말을 들었을 때 '한국에 대한 나쁜 이미지'와 그에 따른 미국의 우리 한인들에 대한 편견을 걱정했다. 그것은 한국서의 반미운동을 우려했던 것보다 더 큰 문제라고 생각했다. 아마도 많은 교포들이 그렇게 생각했을 것이다.

고향을 떠나 타지에서 산다는 것은 쉬운 일이 아니다. 하물며 언어와 문화가 다른 남의 나라 땅에서 뿌리를 내리고 산다는 건 더더욱 쉽지 않다. 이민살이가 전쟁을 하며 사는 것이라고 말한다면 지나칠까. 더러는 그렇지 않은 사람도 있겠지만, 대부분의 이민자들은 '잘 살기 위해서', 혹은 '자식들의 교육 때문에' 라는 이유를 등에 업고 낯선 문화 속에 와서 남이 알게 모르게 가슴앓이를 하며 고달픈 삶을 산다.

잠시 왔다 가는 여행객도 아니고, 1년 혹은 2-3년 살다가 돌아가는 지상사 직원이나 그에 딸린 가족도 아니다. 온 가족을 이끌고 와서 영주권자나 시민권자로 사는 사람들, 떠나온 고향처럼 이곳에 또 다른 고향을 만들며 사는 사람들, 바로 그런 이민자들이다.

한국이라는 친정에서 미국이라는 큰 나라로 시집 온 사람들…. 그 사람들이 교포, 혹은 한인이라 불리는 우리 이민자들이다. 낙엽 떨어지는 것만 봐도, 첫눈이 내리기만 해도, 아름다운 꽃이 피는 봄날이나 내리 쬐는 봄 햇살을 보면서도 가슴 속에 뭉클뭉클 솟아오르는 고향에 대한 그리움을 안고, 가슴으로 삭이면서 사는 사람들이 우리 이민자들이다.

우리에게 고국인 한국은 친정이다. 친정인 한국이 세계 선진국 몇 순위에 올랐다 하면 좋아하고, 축구 경기가 있으면 밤 새워 응원을 하다가 한국이 이기면 이겼다고 몇 날 며칠 축제를 하고, 지면 속상해서 술 한 잔씩 하며 아쉬워한다. 한국에 수해가 나면 너도나도 성금을 모아 고국에 보낸다. 한인들은 그렇게 떠나온 고국을 가슴에 안고 살고 있다.

아메리칸 드림을 이룬 사람이건 고생을 하고 있건, 교포들의 마음은 항시 고국 하늘을 날고 있다. 연로하신 부모님은 건강하실까, 친척이나 친구들은 잘 사는가…. 그리고 잘 못 가는 정치판을 보면서 열을 올리기도 한다. 친정인 내 나라가 잘 살아야 하기 때문이다. 그러면서 열심히 산다.

한국서 돈을 많이 가져왔거나, 아니면 좋은 직장에서 연봉을 많이 받는 소수를 제외하고는 대부분이 한 사람은 벌어서 집세를 내고, 한 사람은 벌어서 아이들 교육을 시키며 먹고 살아야 한다. 때문에 부부가 함께 돈을 벌지 않으면 안 된다. 그래서 자녀를 잘 돌보지 못하기도 한다. 훌륭한 사람 만들겠다고 이민을 와서 오히려 문제아를 만드는 경우가 그래서 생긴다.

지금도 자녀들 문제로 가슴 아파하는 가정이 많이 있을 것이다. 부모가 모르는 가운데 조승희처럼 혼자 외로워하고 아파하면서 무서운 정신적 병을 앓고 있는 자녀가 적지 않을 것이다.

우리의 아이로 인해 외국의 많은 젊은 청춘을 한순간에 죽게 한 미안함이 크다. 그러면서도 조승희에게 불쌍한 마음이 생기는 건 우리 한인 가정이 겪고 있는 부모와 자녀문제이기 때문이다.

이번 사건을 계기로 한인 부모들은 자녀에게 더욱 관심을 가져야 할 것이다.

정말로 이민자의 삶은 힘들고 고달프다.

아, 백남준 선생님!

서울로 가는 도중 비행기 안에서 비디오 아티스트 백남준 선생님의 부음을 들었다. 태평양 상공쯤이었을까, 한반도가 가까워질 즈음 이어폰을 꽂고 뉴스채널에 맞추자 "세계적인 비디오 아티스트 백남준씨가 29일 저녁 8시께 플로리다주 마이애미의 아파트에서 부인 시게코 쿠보다씨 및 간호사가 지켜보는 가운데 조용히 숨을 거뒀습니다"라는 아나운서의 멘트가 귀를 때렸다. 갑자기 귀가 멍해지는 느낌이었다.

결국은 그렇게 세상을 뜨셨구나. 지난 1996년 뇌졸중으로 쓰러진 후 몸의 왼쪽 신경이 마비됐음에도 불구하고 휠체어를 타신 채 독일 비디오 조각전, 바젤국제아트페어, 98서울판화

미술제, 캘리포니아 산타 바바라 박물관에서 열린 40년 회고전 등 왕성한 활동을 계속하셨는데…. 그렇게 가시고 말았구나! 하는 탄식이 절로 터져 나왔다.

아, 아, 백남준 선생님!

20년 전 미국으로 처음 건너왔을 때 세계일보 문화부 기자로 활동하면서 '백남준'이라는 이름 석 자만 들어도 눈에 생기가 돌면서 기운이 솟구쳤었고, 지난 98년 미술 불모지대인 한인사회에 화랑문화를 개척한답시고 롱아일랜드 시티 공장지대의 허름한 건물에 스페이스월드를 개관하고자 마음먹은 것도 백선생님의 격려 덕분이었다. 개관 첫 해인 1998년 '액티브 비젼 II(Active Vision II)'를 성황리 개최할 수 있었던 것도 모두 백선생님이 용기를 불어 넣어주었기 때문이었다. 백선생님을 가까이서 뵙는 것을 큰 행운과 축복으로 여겼다.

지금은 없어진 맨해튼 엠파이어 코리아인가 어딘가에서 거동이 불편하신 선생님을 만나 인터뷰를 했었고, 백선생님의 전시회가 열리는 곳이면 어디든 달려갔었다. 스페이스 월드 개관 당시로서는 백선생님의 이름이 이미 알려진 후였다. 작가들이 많이 참여하는 스페이스 월드 기획전에는 백선생님의 작품을 포함시켜 제2의 백남준을 꿈꾸는 한인 청년작가들에게 희망과 예술혼을 불어 넣어주었다. 그리고 새 천년맞이의 벅찬 감동을 표현하기 위한 백남준 특별전 '새 천년의 충격'을 개최하고는 기뻐서 어쩔 줄을 몰랐었는데….

엊그제 정관훈씨 추모전 겸 한인작가 70인의 '인연'전을 끝마쳤을 때도 함께 전시했던 백선생님의 2000년 제작 크레파스 드로잉 작품을 다시 거둬 내 방에 소중하게 안치하고 비행기를 탔었는데…. 뉴욕한국문화원에의 갤러리 코리아에서 열린 세계 각국 젊은 비디오 작가 30명의 현대 비디오 작품전 '무빙 타임전'을 관람할 때도 백선생님의 용안을 뵙는 듯 반가웠었는데….

그분이 그렇게 갑자기 돌아가시다니! 허망함과 슬픔을 참을 길이 없어 절로 눈물이 났다. 오늘의 나와 스페이스월드 그리고 미주 세계일보 문화면에 긴 그림자가 드리워지는 느낌이었다.

비행기 안에서 눈을 붙이는 둥 마는 둥 백선생님과의 인연을 생각하다가 인천공항에 내리자마자 신문 가판대로 달려갔다. 주요 신문들이 모두 백선생님 서거 소식을 큼지막하게 싣고 있었다. 한국이 낳은 세계적인 예술가, 예술세계의 새 지평을 연 대가, 예술은 고등사기라고 큰소리칠 수 있었던 예술계의 큰 인물, 현대예술의 개념을 바꾼 문화 외계인 등등의 제목들이 백선생님의 연대기와 함께 큰 활자로 뽑혀 있었다.

백선생님의 유해를 백선생님의 만년 활동무대였던 뉴욕 맨해튼의 메디슨 애비뉴 프랭크 캠벨 장례식장으로 옮겨 장례식을 거행한 후 화장을 하여 한국과 뉴욕 그리고 백선생님의 예술의 고향인 독일에 골고루 분산 안치할 것이라는 소식도 있었다. 갑자기 비행기를 타고 돌아가 그분의 장례식에 참석하여 마지막 작별 인사를 드리고 싶은 충동이 솟구치기도 했다.

백선생님께 송구스럽기 짝이 없다. 백선생님이 한국과 이곳 한인 미술계에 큰 정자나무가 되어 쉼터를 마련해주셨지만, 따지고 보면 후배들은 해드린 게 별로 없다. 마지막 가시는 길에 작별인사를 못 드리는 게 두고두고 후회가 될 것 같다.

아, 백선생님! 어쩌면 그렇게 떠나셨는지! 후배들은 죄송함을 어떻게 사죄하라고 훌쩍 떠나셨는지! 어떤 신문은 백선생님의 장례식 소식과 가수 비의 맨해튼 메디슨 스퀘어가든 공연을 함께 전하면서 "뉴욕은 비와 눈물에 젖었다"고 전했지만, 지난 89년 천안문사태 이후 중국의 민주화를 돕기 위한 그룹전에 함께 출품하면서 만나 인연을 맺은 이후 백선생님으로부터 많은 사랑과 격려를 받았던 작가 강익중은 물론 다른 뉴욕 한인 작가들은 눈물과 슬픔에 흠뻑 젖었을 것이다.

그분이 모든 후배 작가들의 사표가 되셨기에 어려운 가운데서도 작업에 정진할 수 있었고, 그분이 계셨기에 대한민국 예술이 세계로 뻗어가는 계기가 됐고, 금강산 그림자가 관동 8백리라는 말처럼 대한민국 작가 치고 국제무대에서 그분 덕을 보지 않은 작가가 없었다는 것을 아무도 부인하지 못하리라.

백선생님! 삼가 선생님의 명복을 빕니다.

민화 속에 흐르는 대금소리

신라 천년의 소리라 했던가. 댓바람소리가 청아하다. 바람이 머무는 소리 같기도 하고, 애간장을 끊을 듯하다가 흥겨운 춤사위로 이어지기도 하는 소리. 오랜 세월 맺힌 한을 삭여주려는 듯 가슴을 파고드는 애절한 소리, 대금소리다.

그 대금소리가 퍼지는 가운데 마음을 차분하게 해 주는 그림, 민화가 펼쳐져 있다.

바위 틈에 피어있는 나리꽃과 맨드라미꽃 위로 주황, 노랑, 파랑, 검은 색 등 여러 색깔의 무늬 옷을 입은 호랑나비들이 훨훨 날아다니고 있다. 호랑나비는 어릴 때 노란 무꽃 위를 날거나 꽃 위에 앉아 있는 모습을 본 게 처음이고, 초등학교

시절 곤충채집을 하면서 여러 마리를 잡았던 기억이 있다.

한국에서 호랑나비에 대한 기억은 그것뿐이다. 그런데 세월이 많이 흐른 후 뉴욕에 와서 김포 화백 산장에서 희귀한 아름다운 꽃들 사이로 춤추며 노니는 호랑나비를 봤다. 하도 희한해서 "여기도 호랑나비가 있네" 하며 그것들을 쫓아다니면서 사진을 찍은 적이 있다. 그런 호랑나비들이 민화 전시장을 날아다니고 있다. 민화 속의 호랑나비가 어릴 때 보던 호랑나비와 꼭 닮아있다.

어디 그뿐이랴. 바위 사이에 핀 매화나무 가지에는 까치 한 마리가 앉아 있고, 또 한 마리는 가지에 앉아있는 새를 향해 날아오르고 있다. 연꽃 사이로 붕어, 게, 새우들이 유영을 하고 해, 산, 구름, 소나무, 학, 사슴, 바위, 불로초 등 영원불멸을 상징하는 십장생이 있다.

각기 다른 모습의 한국의 호랑이 열두 마리의 얼굴도 있다. 모란꽃이 환하게 피어있고, 큰 용이 구름 속에서 꿈틀거린다. 조선왕조가 대한제국이 된 후 황제가 된 고종임금의 기념잔치도 열리고 있고, 정조가 어머니 혜경궁 홍씨를 모시고 당파싸움으로 뒤주 속에서 슬픈 죽음을 한 아버지 사도세자의 묘소가 있는 화성행궁모습을 그린 정조대왕 능행도도 있다. 해와 달이 비치는 다섯 봉우리의 산, 황금 옷을 입은 물고기…. 그런 것들을 담은 우리의 옛 민화가 뉴욕으로 나들이를 하여 전시장을 가득 메우고 있다. 대금소리가 애절하게 가슴을 파고드는데.

대금 연주는 홍종진의 상령산, 독주곡, 산조 등의 댓바람 소리이다. 화조도, 연화도, 십장생도, 어룡도, 운룡도, 모란도, 진연도, 화접도, 책가도 등 민화는 그의 부인 김혜중의 작품이다.

홍종진은 이화여대 국악가 교수이고, 김혜중은 민화를 가르치면서 작품활동을 하는 민화작가. 이들은 오랫동안 우리의 전통문화를 생활화 해온 부부이다. 그들은 우리의 전통문화를 함께하면서 후배를 양성하고 자기 분야의 전문가로 활동하고 있다. 그들이 미국에 한국의 전통문화를 홍보하기 위한 해외 나들이를 한 것이다.

부인 김혜중은 스페이스 월드에서 6년 만에 두 번째 초청된 뉴욕 전시회다. 그녀의 민화전을 통해 우리 전통민화의 아름다움, 민화에 담겨있는 의미 등을 보여주면서 이민살이로 잊혀져 가는 고향, 아스라이 멀어져만 가는 우리 민화에 대한 향수를 불러일으키게 했다. 또 민화를 그리거나 민화에 관심을 가진 교포들에게 특강을 하기도 했다.

전시 기간 중에는 CD로 들려준 대금 연주를 통해 민화와 전통음악이 어우르면서 더욱 한국 전통적인 분위기를 보여준 홍교수는 이번에 NYU에서 연주 초청을 받았다. 그는 '청성자진한잎' 독주를 비롯하여 '진달래 꽃' 등 자신이 작곡한 곡을 연주하거나 제자들과 함께 협연하기도 했다.

사람들은 그의 댓바람소리를 듣고 신바람이 나기도 했고, 가슴을 저려하기도 했다. 그 소리를 들으면서 고향을 그리워도 했고, 어깨를 들썩거리기도 했다. 외국인들은 대나무로 만든 이 조그마한 악기에서 나오는 절묘한 소리에 감탄을 했다. 특히 아름다운 우리의 전통 옷을 입고 공연하는 모습을 보고 사람들은 또 다른 맛의 감동을 받았을 것이다.

이들 부부는 서울 강남에 꽤 넓은 작업실을 갖고 있다. 천안국악관현악단을 이끌고 있는 남편 홍교수는 공연에 앞서 연습장으로도 쓰고, 부인은 작품을 하면서 제자를 양성하는 민화교실로 쓴다. 그리고 회원들의 민화 전시회를 여는 갤러리로 사용되기도 한다.

부인은 남편 연주회 때 민화 병풍을 무대에 설치하여 국악연주의 분위기를 더욱 돋보이게 한다. 부인의 민화 전시회 때 남편의 대금 연주를 듣게 하는 것과 같다. 국악과 민화가 다르지만 이들 부부는 전통문화라는 한 터울 속에서 서로의 작품과 연결시키고 있는 것이다.

전시장에 온 서양화가들이 병풍 속 물고기들이 튀어나올 것 같다고 말했는데, 정말로 대금소리에 취했는지 붕어 한 마리가 밖으로 튀어나오려고 곁눈질을 하고 있다. 음악과 그림, 대금소리와 민화의 절묘한 조화다.

자신들의 민화와 음악이 흐르는 전시장을 찾은 그들이 더욱 더 잘 어울려 보인다. 그들의 밝은 모습만큼이나 한국의 전통 문화 보존과 해외홍보 전망 또한 밝게 느껴진다.

4.

햇살 밝은 날에

후회할까 봐

우리는 살아가면서 얼마나 많은 후회를 하다가 이 세상을 떠날까. 몰라서였거나, 할 수 없어서가 아니라, 할 수 있는 것도 하지 않아서 생기는 후회, 그 후회가 얼마나 가슴을 아프게 하는지 모른다.

"나도 좀 내게 해 주라. 내가 밥 한 번 사게 해 줘! 응? 나, 돈 많아. 나, 당신들에게 밥 한 번 사려고 오늘 은행에서 빠뜻빠뜻한 새 돈까지 찾아왔어. 이것 봐, 이렇게…."

선생님이 지갑을 열어서 빳빳한 1백달러짜리 돈을 보여주면서 밥값을 내겠다고 애원한다. 그 표정이 너무나도 간절하다.

선생님이 돈을 내게 할 수는 없다며 계산대에서 부득부득

카드를 내미는 남편의 옆구리를 손가락으로 쿡쿡 찔러서 밥값 내는 것을 말렸다. 이렇게 해서 선생님이 우리 부부에게 저녁을 사주셨다.

수필가 이계향 선생님이 아침 일찍 전화를 하셨다.

"나, 어제부터 아파서 아무것도 못 먹었어. 잠도 못 자고. 지금 힘이 들어서 못 견디겠어." 하고.

지난주에 저녁 식사를 함께하고 즐겁게 헤어졌는데, 며칠 만에 선생님이 아프다고 전화를 하신 것이다. 정말 많이 아프신지 목소리에 힘이 하나도 없다.

나는 수화기에 대고 "그렇게 아프셔서 어떻게 해요, 큰일이네요." 하면서 오늘 일정을 계산해 본다. 시간이 안 된다. 아무래도 오늘은 선생님 집에 갈 처지가 아니다. 쉽게 "갈게요." 소리가 나오지 않는다.

"오늘 시간이…." 하면서 갈 수 없는 사정을 설명하려는 순간 한국서 혼자 사시는 어머니 얼굴이 떠올랐다. 나의 어머니가 80세, 선생님이 81세. 선생님도 혼자 사시니, 아플 때면 꼭 나의 어머니 같은 처지일 것이다. 옆에 아무도 없는 쓸쓸하고 고독한 처지가.

"선생님, 제가 일을 빨리 해놓고 갈 테니 늦더라도 기다리세요. 가서 맛있는 거 사드릴게요." 하고는 일사천리로 일을 해치우고 남편과 함께 갔다. 차가 밀리지만 않으면 한 시간 남짓 걸리지만, 트래픽이 심하면 두 시간도 훨씬 넘게 걸리는 곳. 그 거리를 얼마나 빨리 달렸는지 40분 걸려 선생님 댁에 도착했다.

저녁 먹는 시간은 벌써 지났다. 어제부터 굶으셨다는데 얼마나 배가 고프실까. 나도 오늘 빨리 서두는 틈에 점심까지 걸러 허기가 져 있었다. 선생님을 만나는 대로 바로 식당으로 가야겠다고 생각했다.

선생님은 어디 파티에 가는 것처럼 옷을 곱게 차려입고 아파트 입구에 서 계셨다. 아프신데 왜 나오셨냐는 내 말에 "빨리 보고 싶어 미리 나와서 기다렸다."고 하신다.

"옷도 멋있게 입으셨네요." 했더니, "당신들에게 잘 보이려고." 하며 환자같지 않은 농담까지 하신다. 속으로 다행이다 생각하며 매번 가던 중국식당에 가서 지난번에 잘 잡수시던 음식을 시켰다. 그런데 선생님은 우리에게 많이 먹으라며 나와 남편의 접시에 음식을 집어다 놓아 주시고 당신은 잘 안 잡수신다.

"어제부터 굶으셨다면서 왜 안 드세요? 음식이 마음에 안 드세요?" 하고 남편이 한마디 하자, 선생님이 "사실은 나, 오늘 당신들 저녁 사주고 싶어서 오라 했어. 난 배 안 고파. 집에서 이것저것 먹었거든. 나, 당신들 보고 싶어서 그랬어. 와줘서 정말 고마워." 하신다.

선생님의 눈에 반짝 하고 물이 고이는가 싶다. 우리를 앞에 앉혀놓고는 그렇게도 좋으신 모양이다.

내 어머니도 그럴까. 아마 어머니도 선생님과 똑 같을지 모른다. 어머니는 때로 새벽 1시, 새벽 2, 3시를 가리지 않고 전화를 하신다.

"목사님이 어버이 날이라고 선물을 갖고 오셨다. 얼마나 고마운지." "네 친구가 고기와 과일을 사갖고 왔는데, 점심까지 사주고 갔다. 같이 온 아들이 얼마나 잘생겼는지, 손주사위 삼았으면 좋겠더라."

혼자 사시는 어머니는 누가 왔다만 가면 다음날까지 기다리지 못하고, 시차가 밤낮이 다른 뉴욕의 새벽시간도 개의치 않고 미국의 딸에게 이렇게 전화를 하신다.

오늘 선생님께 오지 않았으면 어찌 됐을까. 참 잘왔다 싶다. 항상 좋은 말로 나를 위해 주시는 분인데, 바쁜 핑계로 오지 않았으면 선생님이 얼마나 섭섭해 하셨을까. 보고 싶어서, 저녁을 사 주고 싶어서 아프다며 우리를 불러내신 분. 한 20년을 사귀어 왔지만 선생님께 이런 면이 있구나 하는 것을 오늘 처음 알았다. 역시 문학을 하시는 분이다 싶었다.

그냥 오라 했으면 우리가 갔을까. 보고 싶으니 오라 했으면, 오늘같이 바쁜 날 선생님을 만나러 가지 못했을 것이다. 아마도 내일, 혹은 모레쯤 가겠다고 했겠지.

화려한 젊은 날을 사셨던 선생님. 많은 글을 썼고, 이제는 책 읽는 일이 하루 일과인 멋쟁이 할머니. 한국사람도 살지 않는 그곳에서 무려 40년을 살았다던가. 이젠 그녀가 외롭다. 예전처럼 당신이 필요해서 찾던 이들도 발길을 끊은 지 오래다.

내 좋아하는 몇 분을 먼저 저세상으로 떠나보냈다. 나는 잘 해드린 게 하나도 없는데, 항시 나한테 잘만 해 주시던 꽃선생님과 화가 김나 선생님. 그들은 갑자기 쓰러졌거나 암으로 돌아가셨다. 몇 해가 지났는데도 그분들을 생각하면 가슴이 아리다. 세월이 흐른 만큼 그분들께 잘 해드리지 못한 후회가 그분들 떠나가신 햇수만큼 나의 가슴에 무겁게 남아있기 때문이다.

오늘도 어쩌면 나는 후회하지 않으려고 선생님께 달려간 것일지도 모른다. 다른 분들에게처럼 훗날 가슴 아픈 후회를 또 하게 될까 봐.

먹고 먹어도 배고픈 이유

'배가 부른데도 왜 이리 허기가 질까'를 생각했는데, 삶의 전부가 시(詩)인 최정자 시인이 먹어도 먹어도 늘 허기증에 시달린다고 했다. 나도 그렇다.

얼마 전까지 자신의 시를 낭송극으로 꾸민 그녀는 "떠나온 고향이 그리워 허기지고, 사랑에 허기지고, 사람들의 인심에 허기져 있다"고 고백했다. 그녀는 사랑하는 사람에게 잙아 먹힐 꼬리조차 없이 산다고 했다.

그러나 허기진 사람이 어디 나뿐이고 그녀뿐이랴. 이민생활을 하면서 많은 사람들이 자신도 모르는 허기증에 시달리고 있을 텐데.

배가 불러도 허기가 지는 세상. 속이 상하고 슬퍼서, 사랑 때문에, 사람에 속고 실망해서, 그리워서…. 우리는 그 허기증으로 가슴을 채우며 몽유병자처럼 살아가고 있다.

그 색깔 좋은 낙엽도 어느새 다 지고, 눈도 흠뻑 내리고, 이젠 크리스마스카드가 날아온다. 지방에서 외롭게 투병생활을 하고 계시는 옛 상관 최회장님으로부터, 수 년 간 한 번도 빠짐없이 카드로 인사를 하는 피아니스트 김진으로부터, 한국서 송영길, 구지연 부부로부터, 화가들이….

TV에서 화이트 크리스마스 영화가 상영되고, 거리마다 작은 전구 알 수 백 개씩 나무에 매달아서 만든 불꽃 트리가 너무나도 아름답다.

예년에 비해 더디게 온 것 같았는데, 그렇게 언제 왔는지 모르게 살짝 와 있는 크리스마스도 앞으로 1주일밖에 남지 않았다. 이제 곧 가장 화려하면서도 가장 쓸쓸한 크리스마스가 될 것이다. 더러는 즐거운 축제의 주인공이 될 것이고, 더러는 캐롤 송을 들으면서 외롭게 거리를 헤매기도 할 것이다.

예수님 탄생을 기뻐하고 축하하는 날이라기보다 선물을 주고받는 날이어서 다들 들떠 있는 날. 그래서 1년 중 가장 큰 축제일 같은 그 크리스마스이브 몇 시간 전까지도 우리는 일을 해야 한다. 신문사는 남이 놀 때 출근해야 된다. 모든 사람들이 연휴라고 집에서 즐기거나 여행을 떠날 때도 그들에게 보여주기 위해 신문을 만들어야 하니까.

남편이나 아내, 아이들에게 미안해 하면서, 때로는 밤늦게 굶기도 하면서 신문을 만든다. 기사가 잘 못 됐다는 항의를 들으면서, 칭찬보다는 불평을 더 좋아하는 사람들의 전화를 받으면서, 믿은 사람들로부터 배반을 당하면서…. 그래서 언론에 종사하는 사람들은 항상 스트레스 속에서 산다.

그런데 살다 보니 그 스트레스보다 더한 것이 허기증이었음을 오래 후에 깨달았다. 외로워하거나 슬퍼하거나 그리워하거나 분노하거나 그런 모든 것이 허기가 되어 가슴을 아리게 한다. 사람들은 그것이 허기증인 줄도 모르고, 그 허기증을 메우기 위해 담배를 피우고, 술을 마시고, 춤을 추고, 골프를 치고, 노래를 부르곤 한다.

그래, 노래방에 가서 실컷 노래를 불러보면 허기증이 좀 가실까.

'바닷가에 모래알처럼 수많은 사람 중에 만난 그 사람…'. 한때 키 보이스의 노래에 취한 적이 있었지. 양희은의 '꽃반지'는 조금 후였나. '옛 시인의 노래'도 있었다. 우리는 그 노래들을 좋아하는 것을 넘어서 사랑했었다.

여고 시절, 머리를 두 갈래로 묶거나 땋은 우리 또래는 검은 교복 속에 꿈을 가득 담고서 그 꿈이 실현 될 희망에 부풀어 살았다. 모든 것이 아름답기만 했다. 누구에게나 있었던 우리들의 젊은 시절, 그 노래들은 우리의 꿈을 더 부추기는 시어와 곡조들이었다. 세월이 흐르고 어른이 되어서도 좋기만 했던 노래들…. 그런데 미국에 와 살면서 깡그리 잊어버렸다. 어쩌면 잃어버렸다는 말이 더 맞을지도 모르는 그 사랑했던 노래들을 아직도 부르지 못한다.

매일 얼굴만 그려대고 있는 화가 최울가의 작은 작업공간 속에는 수백 명의 얼굴들이 각기 다른 다양한 표정들을 짓고 있다. 이 얼굴은 K 같고, 저 얼굴은 L 같고…. 나는 어디에 있지? 내 얼굴 찾기를 해 본다. 어딘가에 꼭꼭 숨어있을 나를 닮은 나를 찾아본다. 쉽게 보이지 않는다. 비슷한 것 같으면서도 다 다른 수백의 얼굴을 다시 찬찬히 본다. 아, 저기 있네!

수백 명 가운데 수줍은 듯 바보스런 표정을 짓고 있는 얼굴을 나로 정한다. 우는 건지, 웃는 것인지 알 수 없는 표정의 어눌해 보이는 창백한 여자. 요즘 세상에 저런 얼굴을 하고 있다니, 나는 나를 닮아 나로 정한 그 얼굴이 너무 외롭고 불쌍하다.

파리에서 오랫동안 활동하다가 수 년 전 뉴욕에 와서 소호에 자리잡고 작업을 하고 있는 화가 최울가는 계획하지 않고 그냥 자연스럽게 붓에서 흐르는 물감이 얼굴을 만든다 했다.

그의 붓과 물감이 꾸밈없이 만든 나의 얼굴은 잔뜩 허기에 차 있다. 수백의 얼굴 중에 가장 창백해 있는 허기증 환자의 얼굴. 그러나 나는 곧 나를 위로하기로 한다. 이곳엔 나 같은 허기증 환자가 많이 있을 것이기 때문에. 모양만 다를 뿐 다들 허기증 환자인 사람들이 사는 미국이니까.

언제쯤 배가 부른데도 허기증에 시달리지 않게 될까.

이강자의 '인과응보'

"나는 여기에, 지금 한 송이 꽃이어라/ 나는 여기에, 지금 한 그루 나무이어라/ 나는 여기에, 지금 한 조각 바위이어라"

조각가이면서 화가이고 갤러리 관장이었던 이강자의 「인과응보」가 가슴 아리도록 서럽게 다가온다.

4월에 오픈하기로 한 미국이민 1백주년 기념 미술전시회에 작고작가 이강자를 넣기로 하고 그녀의 작품을 수소문했다. 그녀의 아들과 딸에게, 서울의 동생에게. 그러나 그녀의 작품 받기가 쉽지 않다.

이강자, 그녀는 내가 좋아했던 중학교 때 친구 이순자의 언니다. 그녀의 바로 위 오빠가 이강소 화백이다. 중학교 때 만났던 그 언니를 20년도 훨씬 지난 후 뉴욕에서 만나, 한국에 있는 순자를 빼고 우리끼리 언니동생으로 잘 지냈다.

내가 뉴욕에 온 그 이듬핸가, 그녀는 소호에 그녀의 아들 딸 이름을 따서 '헤나 캔트' 갤러리를 내고 한인작가들의 작품 발표의 장을 마련했다. 당시 일간 신문사 문화부장인 나와는 자연스럽게 자주 만나게 되었다.

어쩌면 내가 지금 신문사 한 귀퉁이에서 갤러리를 꾸려가는 것도 그때 그 언니가 극성스럽게 한인작가들을 위하는 그 마음에 영향을 입었는지도 모른다. 그녀는 한인작가들로서는 불모지인 소호에 갤러리를 오픈하여 한인작가들을 미 화랑계에 당당히 나서게 해 주었다. 뉴욕의 한인미술사가 정리된다면 빼놓을 수 없는 중요한 인물이다.

성격이 활달하여 사람들을 쉽게 사귀면서 몇 년간 좋은 갤러리로 발전시켜 나갔었는데, 한국에도 똑같은 이름의 갤러리를 만들어 운영을 하더니 경제적인 어려움으로 소호와 서울의 갤러리를 한꺼번에 닫았다.

갤러리는 문을 닫았어도 화가로 활동하던 유명한 영화배우 안소니 퀸을 한국에 초대하여 전시회를 열고, 자신의 작품도 열심히 했다. 그런데 지난해 그녀의 딸 헤나로부터 엄마가 암에 걸렸다는 전화가 왔다. 그때만 해도 그녀의 암이라는 병이 심각하게 마음에 와 닿지가 않았다. 그녀는 항상 쾌활했기 때문에 그런 몹쓸 병에 걸렸다는 게 영 믿겨지지가 않았기 때문이다.

그 얼마 후 그녀가 사망했다는 소식을 듣게 되었다. 그때도 나는 실감이 나지 않았다. 아프다는 소식을 들은 그 몇 달 전에 그녀로부터 서울서 왔다는 전화를 받았고, 나는 반가워서 저녁을 같이 먹자고 약속을 했다.

처음부터 언니라고 매번 사주기만 했던 그녀에게 그날은 그녀의 아들, 딸, 아들의 여자 친구까지 나오게 하여 내가 저녁을 샀다. 그녀를 안 지 십 수년 만에 처음으로 내가 밥을 산 것이다. 그리고 그 몇 달 후 거짓말처럼 그녀는 가버렸다. 그게 바로 지난 해 6월이다.

8월인가, 한국에 나갔다가 순자를 만나서는 둘이서 언니 얘기를 하면서 울었다. 바쁘게 사는 순자도 바로 손위 언니인 그녀에게 그동안 너무 무심했던 것을 후회했다. 언니는 병원에 입원하여 자신이 곧 죽을 처지이면서도 자기 때문에 얼굴이 밝지 못한 동생에게 "네 얼굴이 왜 그러냐?"며 핸드백에서 립스틱을 꺼내주며 바르라고 하더란다.

암선고를 받고서 "내가 왜 그런 병에 걸리노. 나는 아니다."며 아무렇지도 않게 말하여 주위 사람들을 더욱 슬프게 했던 그녀. 지금도 나는 그 언니를 잊지 못하고 100명 속에 작고 작가인 그 이름 '이강자'를 넣은 것은 마지막 그녀를 만났을 때 그녀의 작품전을 한 번 열어주기로 약속했기 때문이다. 더는 내가 제일 처음 본 그녀의 개인전에서 가슴을 설레게 했던 그녀의 설치작품 '인과응보' 때문이었다.

불교신자도 아닌 그녀는 항상 불교적인 언어를 많이 썼는데, 그중에도 '인과응보'라는 단어는 그녀의 작품의 중심이 되어 있었다.

철사와 한지를 이용하여 만든 수백 마리의 물고기를 바닥에 설치하고 공중에는 수백 마리의 새가 날고 있는 장면, 그것은 그녀가 일생을 살면서 가진 그녀의 철학이 었고 예술이었고 인생이었다.

그녀는 "나의 작품은 보여주고, 들려주고, 냄새 맡게 하고, 맛보게 하고, 생각할 수 있게 함으로써 나 자신의 세상에 대한 각(Realization)을 반사(Reflection)코자 한다"고 말했다.

나는 그 수많은 물고기와 새의 무리 속에 들어가서 "옥기야, 좋제?" 하는 그녀의 말에 "정말 좋다"며 유영하는 물고기와 새들과 함께 놀았다.

그제도, 어제도, 오늘도 그녀의 그 물고기와 새가 노니는 '인과응보'와 그녀의 죽음을 생각하면서 그녀의 딸에게 전화를 했다. 엄마의 작품을 좀 찾아보라고.

바빠하는 아들딸들은 예전에 자신들의 이름으로 갤러리를 만든 엄마의 마음을 얼마나 알까.

어쩌면 오늘도 그녀는 새가 되어 날고 있을 것이다. "너를 위해 날 수 있으니, 너를 위해 날으리." 하면서.

일당스님과 황산에 올라

황산(黃山)에 올랐다. 중국 안휘성 남쪽에 있는 해발고도 1,864m.의 산. 일당 김태신 화백의 그림에서만 봐 온 운해 낀 바로 그 황산이다. 기암괴석과 운해(雲海), 수려한 경치의 아름다움이 넋을 빼앗는다.

비가 와서 새벽 해뜨기는 보지 못했다. 비가 그치면서 산에 올랐다. 비온 뒤의 황산은 더욱 선명하여 아름다운 빛을 발했다. 순식간에 구름안개가 산봉우리들을 감싸안더니 여러 개의 섬을 만들었다. 꼭 바다 가운데의 섬 같았다. 신비롭고, 아름답고…. 보는 이들 모두 감탄한다. 아마도 사람들은 이 풍광을 보기 위해 황산을 찾을 것이다. 일당스님도 이 장면을 그리기 위해 노구를 이끌고 이곳을 여러 번 왔다.

운해 낀 신비의 황산. 빗방울이 떨어지는데, 일당스님이 그림을 그린다. 운해가 사라지기 전에 그림이 완성돼야 한다. 일당스님이 손 빠르게 하얀 스케치북 공간을 채워나간다. 운해는 한 10분 간격으로 모양을 바꾼다. 그의 손이 빠르게 움직이는가 싶더니 잠시 후 한 장의 작품이 완성된다. 이 그림이 나중에 캔버스에 다시 그려지고 아름다운 석채가 입혀져서 그의 독특한 황산의 기(氣)가 담긴 작품이 탄생될 것이다.

항상 기(氣)있는 산을 찾아다니며 그림을 그리는 일당스님의 황산 스케치여행은 이번이 여섯 번째다. 나이가 이만큼 먹었으니, 언제 또 갈 수 있을지, 친한 이들 몇 명이 가니까 함께 가자고 1, 2년 전부터 말씀하셨다. 최근 몇 년 간 이민와서 아주 가깝게 지내던 두 분을 잃어버린 나는 10여 년간 친하게 지내는 일당스님의 말을 그냥 듣기로 했다. 그의 스케치 여행에 합류한 나는 4박 5일간의 일정에서 85세의 일당 김태신 화백에 계속 감동을 해댔다.

일당스님은 우리나라 신여성의 대표인물인 김일엽 스님의 아들이다. 김일엽은 문필가이자 언론인이면서 스님으로 일생을 마감한 인물이다. 어린 날, 어머니이면서도 어머니라 부르지 못했던 그 어머니가 그리워서 어머니의 뒤를 따라 66세란

늦은 나이에 스님이 된 일당(日堂) 김태신 화백.

어머니의 나라에 살고 싶고, 어머니 나라의 사람이 되고 싶어서, 일본인 아버지 성씨 오타를 어머니의 성 김(金)씨로 바꾸고 한국으로 귀화한 사람. 그가 바로 일당 김태신 화백이다. 자그마한 체구에, 세상의 어두운 티끌은 조금도 묻어있지 않은 것 같은 인상의 그는 항상 맑다. 해맑은 얼굴처럼 마음씨도 따뜻하다. 그 가슴속 깊이에는 모정에 대한 그리움과 외로움이 켜켜이 쌓여있다.

일당스님의 그림은 불화도 있지만 대부분 풍경화다. 기(氣)를 주입시킨 「풍수용맥도」란 독특한 이름의 풍경화도 그린다. 그는 외로움을 그림으로 표현하고, 그리움이나 행복, 사랑 등을 캔버스에 담는다. 산과 바다, 나무와 꽃, 폭포, 그리고 해와 달을 그린다. 그의 산은 산이되 산이 아니다. 어린 날 헤어진 어머니다. 바다도 어머니이고, 해와 달도 어머니이다. 모든 것이 어머니 일엽스님이다.

여든다섯의 할아버지가 되어서도 그의 마음은 수덕사 견성암에서 수행하는 어머니를 보러 꽁꽁 언 두 손을 호호 불며 겨울 산을 오르는 열 살 소년이다.

그 소년 같은 여든다섯 살 할아버지 화가스님을 따라 황산에 갔다 온 나는 꿈을 꾼 것 같기도 하고 잠시 신비한 나라에 갔다온 것 같다. 실제로 신선이 노니는 것 같은 황산에 갔다오기도 했지만.

스님의 그림 그리는 모습은 직지사 중암 그의 작업실에서 봤다. 작업실은 관응 큰스님이 생존해 계실 때 관응스님의 방 바로 옆이다. 그곳에서 그는 황산, 장가계, 이강, 설악산, 그리고 후지산 등에서 스케치 한 그림을 작품화한다. 이번에 스케치한 운해 낀 황산도 아마 얼마 후에 그곳에서 다시 그려질 것이다. 봄기운을 가득 담은 푸른 산봉우리가 운해에 잠겨있는 아름다운 황산이 되어 석채화로 새로 태어날 것이다.

일당스님은 산을 잘 탔다. 어찌 그를 팔십다섯 나이의 노인이라 할 수 있을까 싶을 정도로 가볍게 산을 올랐다. 힘이 들어 쩔쩔매는 나는 차라리 부끄러워 그보다 20년도 훨씬 더 젊다는 오기로 악착같이 산에 올라갔다.

일당스님이 어린 날 양자로 들어갔던, 당시 직지사 주지였던 김봉률 스님의 막내딸인 죽자씨가 이번 여행에 동행했다. 스님의 막냇동생인 셈이다. 그녀와 나는 계속 룸메이트가 되었다. 나보다 몇 살 위인 그녀는 오랜 지기처럼 나를 챙겨주면서 일당스님에게 듣지 못했던 옛 이야기를 들려주기도 했다.

일당스님의 자전소설 속에 나오는 옛 인물과 함께 며칠을 보내면서 일당스님이 만날 때마다 말씀하시는 '인연'을 생각해

봤다. 불가에선 옷깃만 스쳐도 인연이라는데, 내 스님과 무슨 인연이 있기에 멀리 미국에서 이 중국의 황산까지 함께 왔는지….

새벽 해 뜨는 모습은 보지 못했어도 일당스님과 그가 사랑하는 사람들과의 황산 산행은 오랫동안 잊지 못할 것이다.

정크아트의 황제 정찬승

사람은 가도 이름은 남는다고 하던가. 이맘때면 20년 전에 세상을 떠난 한국 최초의 전위작가 정찬승이 생각난다.

윌리암스 버그 브리지를 건너거나 이스트 빌리지의 시인 카페, 혹은 맨해튼 32가 거리, 그리고 맥심…. 그곳에는 늘 사람 좋은 웃음을 웃으며 정찬승이 서 있었다.

정찬승은 50넘은 나이답지 않게 참으로 순수하게 살다 간 정크아트 작가이다. 94년 7월 3일 52세의 나이로 타계했으니 지금 살아있다면 일흔 살이다.

뉴욕의 브루클린을 중심으로 활동하는 세계 여러 나라 출신의 언더그라운드 작가들로부터 '정크아트의 황제'라 불리던 그는 길에서 주워 모은 정크들에게 새로운 생명을 불어넣고는 집에서 함께 숨 쉬며 살다 간, 이중섭 이후 이 시대 마지막 낭만파 작가이다.

화실에서, 갤러리에서, 카페에서 그는 '인간'과 '예술'을 노래했으며 후배들에게 좋은 선배요, 스승 역할을 하다가 허무하게, 정말로 허무하게 가 버렸다. 그는 자신을 사랑했던 많은 이들을 남겨놓고 가난하고 추웠던 뉴욕을 훨훨 떠나버린 것이다.

그는 어떻게 그리도 사랑했던 예술의 도시 뉴욕을 아무 미련 없이 버리고 그렇게 훌쩍 가 버렸을까.

그렇게 좋아하던 술까지 줄여가면서 몹시 아파하던 그가 일본 전시를 위해 뉴욕을 떠나기 이틀 전, 우리는 맨해튼 32가 스텐포드 커피숍에서 만나 차를 마시면서 작품얘기를 했었다.

그날 정찬승은 남북전쟁 때 어느 미군병사가 입었다던 노란 단추가 다닥다닥 붙은 까만 색 군복을 입고 나왔고, 나는 그 모습이 하도 희한하여 사진을 찍었다. 그는 일본서 열릴 전시회 초대장에 볼펜으로 자신의 얼굴을 드로잉하고, 그 밑에 사인을 해서 나에게 줬다. 그런데 그게 나와의 마지막 만남이었고, 그날 찍은 사진은 뉴욕서의 그의 마지막 모습이었으며, 그 카드에 그린 자신의 얼굴 역시 뉴욕서의 마지막 드로잉

같은 거였다.

정찬승은 무슨 병인지도 모른 채 뉴욕서 몹시 앓다가 일본 전시를 마친 후 한국의 집에 머물면서 치료를 받았고, 증세가 심해 병원에 가던 중 차 속에서 운명을 했다. 직장암이었다.

그가 사망했다는 소식을 들은 것은 성모병원에서 장례를 치른 후였다. 평소에 친하게 지냈던 조각가 김청윤이 간밤에 꿈이 이상했던 차에 그런 연락을 받았다며 아침 일찍 나에게 전화를 해줬다.

나는 슬픔을 억누르면서 그를 아끼던 아티스트들에게 연락을 했고, 며칠 후 그와 친했던 몇 명의 협조로 그의 스튜디오에서 조촐하게 추모식을 가졌다.

그 이후 그가 마지막으로 자신의 얼굴을 그려준 그 카드를 볼 때마다 한 달 가량 세수를 하지 않았을 것 같은 얼굴을 하고 길게 자란 수염과 긴 머리에 도수 높은 안경을 낀 그가 사람 좋은 웃음을 히죽 웃는 모습이 떠오르곤 했다.

정찬승은 홍대 미대를 졸업하고, 당시 전위예술의 선두에서서 관을 들고 서울 시청 네거리를 시위했으며, 히피머리로 한국을 시끄럽게 했던 한국 전위예술의 선구자이다. 81년부터 13년간 미국에 정착하여 거리에서 주워 온 폐품을 이용한 정크아트 세계를 구축했고, 외국인 작가들에게 존경을 받았다. 이제 그는 갔고, 18년이 지났는데도 그의 이름, 그의 모습은 뉴욕 곳곳에 남아있다.

정찬승이 오랫동안 살면서 작업을 했던 윌리암스 버그의 넓은 스튜디오에는 그가 떠나고도 수년간을 그의 정크아트 작품들이 그가 세상을 떴다는 사실도 모른 채 주인을 마냥 기다리고 있었다.

몇 년 후에 서울의 그의 동생이 작품들을 가져갔다. 주인도 없이 그냥 있는 스튜디오 렌트값을 내기에는 그 액수가 너무 컸던 모양이다. 나는 그 동생이 작가는 아니지만 형님의 자식 같은 그 작품들을 잘 간수해 줬으면 좋겠다고 생각을 했었고, 지금도 그 마음은 변함없다. 정찬승의 예술혼이 흠뻑 들어있는 그 작품들은 예술을 모르는 이들이 볼 때는 한갓 정크일 수밖에 없기 때문이다.

정찬승이 떠나고 내리 3년간은 그를 사랑했던 예술가들을 중심으로 그의 작업실에서 추모전을 가졌다. 외국인 언더그라운드 작가들을 초청하여 춤과 음악으로 재미있는 퍼포먼스를 펼치는 등 그의 예술세계를 조명하기도 했는데, 그것도 해가 가면서 끊겼다가 최근에는 제이슨 김을 비롯하여 생전에 그와 친했던 이들이 마음을 모아 정찬승이 생전에 잘 갔던 맥심에서 추모 모임을 갖기로 했다.

경기도 벽제에서 화장되어 무덤조차 없을 정찬승은 뉴욕의 전설 같은 인물로 남아있다.

지금 그 많던 정찬승의 정크 작품은 어디에서 어떻게 숨을 쉬고 있을까.

혼불을 만나다

대하소설 '혼불'을 남기고, "아름다운 세상, 잘 살다 갑니다"면서 홀연히 떠난 소설가 최명희. 그녀가 이 세상을 떠난 지 8년이 넘었는데, 나는 어느 겨울 끝자락에 남원 노적봉 아래에서 그녀의 혼불을 만났다. 그녀와 재회하면서 나는 울었다. 기쁘기도 하고 허무하기도 했다.

우연이었다. 봄을 재촉하는 가는 눈바람을 맞으며 찾은 곳이 소설 '혼불'의 무대인 전북 남원시 사매면 서도리 노봉마을. '아소 님하' '꽃심을 지신땅'의 글귀가 새겨진 예사롭지 않은 두 개의 장승이 지키고 있는 마을 입구에 들어서서 포장

된 도로를 따라 올라가자 '혼불 문학마을'이라는 글이 새겨진 바위가 나왔다. 그리고 연못과 물레방아가 있는 그 위에 병풍처럼 둘러쳐진 노적봉에 안기듯 고고한 한옥의 혼불문학관이 서 있었다.

'千秋樂萬歲享(천추락만세향)'이라고 한자로 쓴 바위 비석 앞에 서 있는 문학관에는 '혼불'에 온몸을 불살랐던 소설가 최명희의 흔적이 남아있었다. 생전의 얼굴 사진, 상장과 상패, 집필실, 그녀가 쓰던 만년필 등이 전시됐고, 소설 속의 혼례장면, 청암부인의 장례장면 등을 인형으로 재현해 놓았다. 수년간 나의 가슴 밑바닥에 담겨져 있던 소설 「혼불」이 내 안에서 나와 파노라마처럼 휘익 문학관을 돈다. 청암부인도 만나고, 아들 강모도, 강실이도 만났다.

한쪽 벽에는 언론에 발표됐던 혼불과 최명희에 관한 기사 여러 꼭지가 붙어있었다. 그 가운데 낯익은 미주세계일보 제호가 보였다. 인터뷰 글이었다. 글 말미에 나의 이니셜인 '옥' 자가 씌어있었다. 나는 놀라고 감동했다. 그녀는 가고 없는데, 미국서 내가 써 준 인터뷰 기사가 한국의 남원 이 시골마을 그녀의 문학관에 전시됐다니. 순간 울컥해지면서 최명희가 막 보고 싶었다.

1994년 3월 21일자 신문이었다. 뉴욕주립대 스토니브룩 한국학회에서 문학강연을 했을 때 인터뷰 한 글이었다. 최명희와 처음 만난 게 바로 그때였다. 한국의 유명 소설가와 뉴욕의 동포신문 문화부장과의 만남이었다. 신문 지상에서만 봤던 그녀는 수더분한 인상이었다. 얘기를 하다 보니 동갑이었고, 수수한 성격도 그랬지만, 특히 만년필을 좋아하는 것 등 우리는 많이 닮아 있다며 금세 친해졌다.

한국에 간 그녀로부터 편지가 왔고, 그 다음해인가 다시 한 번 뉴욕을 방문하여 미동부 한국문인협회 주최로 문학강연을 했었다. 그리고 얼마 후 그녀는 그 긴 「혼불」 연재를 마치고 소설 10권 완간을 했다.

암투병중이라는 슬픈 소식을 들은 것은 그 얼마 후. 어쩌면 그녀가 뉴욕에 왔을 때, 나와 손잡고 이야기를 나눈 그때도 그녀는 앓고 있었을지 모른다. 그녀는 죽음의 아픔을 아무런 내색도 하지 않고 "우리 띠는 잘 산단다"고 웃으며 말했었다. 그러던 그녀가 병을 이기지 못하고 스러진 것이다. 한국문학사의 큰 작가 한 명 잃은 것이 아까웠고, 말동무, 글동무 될 좋은 친구 한 명 잃은 게 슬펐다.

「혼불」은 1930년대 말에서 1940년대 말까지 일제의 수탈과 근대사의 격동 속에서 무너져가는 종가를 지키려는 매안 이씨 며느리 3대와 이씨 문중 땅을 부치며 거멍굴에 사는 상민과 천민들의 삶과 사회의 변천을 추적한 작품이다. 아름다운 모국어로 우리 민속문화를 생생하고 폭넓게 복원한 한국문학사의 기념비적인 소설이라는 평가를 받고 있다.

혼불마을에는 이씨 종갓집을 비롯, 여기저기 소설 속의 흔적들이 고스란히 남아있었다. 육신의 최명희는 없는데, 그가 남긴 혼불마을이 혼불을 켜고 사람들을 맞이하고 있었다. 최명희가 좋아서 문학관을 지킨다는 황영순씨의 '혼불' 사랑이 방문객들에게 일찍 간 최명희의 마음을 조금이나마 대신 해주고 있기도 하다.

최명희의 혼불을 만나고 뉴욕으로 돌아온 나는 그녀의 흔적을 찾았지만, 함께 찍은 사진만 몇 장 나올 뿐, 그녀의 굵은 만년필로 단정하게 쓴 편지 글은 찾을 수가 없었다. 내 손을 잡고 찍은 사진 속의 그녀가 말을 걸어오는 것 같아 가슴이 아렸다.

'혼불' 하나에만 인생을 건 여자. 서른세 살에 쓰기 시작하여 결혼도 하지 않고 오십한 살의 나이에 소설을 끝내고 홀연히 이 세상을 떠난 그녀, '혼불'을 위해 살다 간 사람.

"쓰지 않고 사는 사람은 얼마나 좋을까. 때때로 나는 엎드려 울었다. 그리고 갚을 길도 없는 큰 빚을 지고 도망 다니는 사람처럼 항상 불안하고 외로웠다"고 말한 최명희. 그녀는 그

토록 짙은 외로움 속에서 '혼불' 쓰기를 했다. 한 권의 소설도 아닌, 3대에 걸친 그 긴 세월 간 펼쳐지는 대하소설을 쓰기 위해 그녀는 얼마나 많은 밤을 울며 지샜을까.

최명희, 그녀를 생각할 때마다 가슴 뭉클한 것은 산소호흡기를 쓴 채 필담으로 남겼다는 "아름다운 세상입니다. 참 잘 살다 갑니다."라는 유언이다.

죽어가면서 누가 그런 말을 할 수 있을까. 대부분 사람들은 삶에 대한 미련으로 자신에게 다가온 죽음을 안타까워하거나, 피할 수 없는 죽음을 알고는 포기하는 상태가 되거나 할 텐데…. 그녀의 정신세계가 참으로 존경스럽다.

역시, 사람은 가도 이름은 남는다. 1981년 동아일보 창간 60주년 기념 장편소설 공모에서 「혼불」로 당선된 후 "평생 소설을 쓰렵니다. 줄 타는 광대로서 사는 것은 그의 몸에서 돌아가는 피가 그를 부르기 때문이지요. 나도 내 몸에 도는 피가 나를 부르기 때문에 소설을 쓰는 겁니다."라고 말했던 최명희. 그녀는 만 17년간 오직 혼불에만 매달려 10권의 대하소설 '혼불'을 완성하고, 난소암이란 병을 앓으면서 두 해를 더 살다가 떠났다.

그녀의 생명을 일찍 스러지게 한 '혼불'은 영원히 우리 곁에 있을 것이고, 후대에도 그대로 혼불되어 문학사에 남을 것이다.

나를 잊지 않고, 내가 쓴 인터뷰 글을 스크랩하여 간직했던 그녀가 불현듯 보고 싶다. 수 년 동안 책꽂이에 꽂혀있던 그녀의 소설 「혼불」을 꺼내본다. 그렇게 그녀는 갔어도 그녀의 이름은 그녀의 혼불과 함께 이렇게 내 곁에, 우리 곁에 남아 있다.

외로워 마세요

아침마다 산딸기를 딴다. 산딸기 따기는 요즈음 나의 재미꺼리다. 하루에 따는 양이 한 4, 50 알갱이쯤 될까. 한 입에 넣어도 성이 차지 않을 만큼 아주 적다. 그래도 내 집에 산딸기나무가 있다는 게, 그래서 어느 산에 가지 않고도 내 집에서 산딸기를 딸 수 있다는 게 얼마나 희한하고 행복한 일이냐며, 산딸기 따기를 즐겨하고 있다.

집 뒤에 산딸기가 열린 것을 발견한 게 몇 년 됐다. 몇 그루 되지는 않지만 내 집에 산딸기나무가 자라고 있다는 것을 알고는 이게 웬 횡제냐 싶었다. 그때 잔디를 깎고 있는 아들과 남편에게 큰소리로 우리 집 울타리에 산딸기나무가 있다고, 이게 바로 저기서 딴 것이라고 말하면서 금방 따 온 빨간 산딸기 몇 알을 보여주었다.

산딸기 몇 알 들고 무슨 보물이라도 발견한 듯 호들갑을 떠는 내가 한심했는지, 아들도 남편도 시답잖은 눈길을 보냈지만 나는 그날 참으로 기쁘고 행복했다.

산딸기나무는 매해 조금씩 퍼졌다. 올해도 더 퍼졌는지, 산딸기가 지난해보다 더 많이 열려있다. 이 얼마 안 되는 산딸기를 따는데도 마음을 많이 써야 한다. 눈에 잘 보이면서 따기 좋은 곳에 열린 산딸기는 짐승들이 따먹어서 꼭지만 남아 있다. 그래서 익지 않아도 웬만큼 붉은 색을 지녔으면 녀석들에게 뺏기기 전에 따야 한다. 그동안 매해 채소를 심고 짐승들과 싸워왔는데 요즘은 이렇게 산딸기를 놓고 싸우고 있다.

오늘 아침에도 산딸기를 땄다. 잔디밭 한쪽에서는 사슴들이 나와 논다. 가는 비가 내리고 있는데도 사슴부부가 새끼들을 데리고 나왔다. 나는 녀석들의 눈치를 보면서 산딸기를 땄다. 문득 어머니가 생각났다. 어머니는 산딸기를 좋아하신다. 어느 해는 산딸기를 사다가 술을 담갔다. 산딸기 술이 혈액순환과 신경통에 좋다면서.

지난 달, 서울 청담동 우리들 병원엔 비가 내리고 있었다.

606호. 비 내리는 창밖엔 며칠 동안 민화작가 김혜중과 차를 마시러 자주 들어가던 '커피 빈'과 그 앞의 성당이 유럽의 어느 마을처럼 이국적인 분위기로 서 있었다. 한여름의 폭염으로 몇 사람이 죽었다던가. 그런데 병실 안은 너무도 추웠다. 벌써 여러 날 병실에서 웅크리고 살았다. 어머니가 허리수술을 했기 때문이다. 환자인 어머니 침대 옆에서 자고, 밥까지 뺏어 먹으면서 며칠을 지냈다.

허리 아픈 것만 빼면 어느 구석 하나 나이 많은 할머니라거나, 환자라는 생각이 전혀 들지 않는 어머니. 미국서 사는 딸 가족을 보고 싶어 하면서도, 말도 안 통하고, 말 할 사람도 없는 집안에 갇혀 감옥생활 하기 싫어서 미국에 안 간다며, 아무 연고도 없는 Y시에서 혼자 사시는 어머니는 오랫동안 허리가 아파 고생하셨다. 팔십의 노인이 혼자 사는 것만 해도 외로운데, 허리까지 아파서 못견뎌하는 모습을 보고 일부러 뉴욕에서 나와 오랜 지병인 어머니의 허리병을 낫게 해드리겠다고 민화작가 김혜중의 도움으로 그녀의 집동네에 있는 우리들 병원에서 수술을 한 것이다.

어머니가 입원한 동안 여러 명의 환자가 들어오고 나갔다. 대부분 70살 넘은 할머니들이다. 그들은 재산문제로 자녀들과의 관계가 좋지 않았다. 큰 집이나 많은 땅을 갖고도 자녀들과 떨어져 혼자 사는 할머니가 여러 명 있었다. 나처럼 해외 이민 자녀들이 한국에 떨어져 사는 부모님께의 불효도 크지만, 한국에 사는 자녀들의 부모에 대한 불효는 꽤 심각한 것 같다.

바로 앞 침대에 팔십 세 넘은 할머니가 막내딸에게 부축받으며 들어왔다. 할머니의 얼굴엔 주름살이 가득했고, 눈은 초점이 없다. 침대에 누운 할머니에게 딸이 입을 비쭉이면서 막 나무란다.

"엄마, 큰오빠와 작은오빠 말 듣지 마! 언니 말도 듣지 말고, 내 말만 들어. 알았지? 허리 수술 안 하면 죽어. 엄마 살리려고 내가 수술 시키는 거야."

딸의 말에 할머니는 초점 없는 눈만 껌벅일 뿐 표정도 없고 말도 없다.

딸의 말에 의하면, 시가 몇 억 하는 땅을 갖고 있는 엄마에게 두 아들과 딸이 달라붙었다가, 떨어졌다가 한단다. 엄마가 혼자 살면서 허리를 다쳤는데, 그들이 모른 체해서 막내딸인 자신이 병원에 모시고 왔다는 것이다. 그러나 딸은 수술을 한 후 4, 5일이라도 입원을 해야 한다는 의사의 말도 듣지 않고, 수술 하루 만에 할머니를 데리고 나가버렸다. 어쩌면 그 땅은 막내딸에게 가게 되는 것일까.

그 다음에 들어온 허리병 환자도 할머니다. 아들 셋, 딸 둘의 할머니는 자식들은 다 서울서 생활하고, 혼자 시골서 농사를 짓고 산다. 막내아들이 보호자다. 다른 자녀들은 아무도 나타나지 않았다. 침대에 누워있는 어머니를 보고 아들이 "엄마의 일은 왜 맨날 나만 해야 돼요? 형들이나 누나들은 꼼짝도 않고…. 나도 일 하고, 먹고 살아야 되잖아요!" 하면서 따지듯 투덜댔다.

아무 말도 없던 할머니가 아들이 잠시 나간 사이, "20억 원이 넘는 땅을 갖고 있는데, 내가 죽을 때 저희들에게 나눠줄 거야. 지금은 안 줘!" 한다. 자녀들이 재산 때문에 어머니가 수술하는데도 오지 않은 모양 같다.

며칠간 이런 환자 가족들을 보면서 어머니께 말했다. "자식이 많아도 저렇게 혼자 살면서 병으로 고생하는데, 엄만 돈 없어 편하고, 돈 때문에 애 먹일 자식 없어 편하네. 그러니 혼자라고 외롭다 생각 말아요."

어머니는 창밖을 바라보며 나의 말을 듣기만 했다. 나는 그런 어머니의 얼굴을 보고 내가 한 말을 후회했다. 이걸 말이라고 했을까. 어머니께 미안했다. 퇴원해서 어머니를 집으로 모셔다 드리고도, 뉴욕에 돌아와서도 내내 그 말이 걸렸다.

오늘 아침, 어제 따려다 놔뒀던 덜 익은 분홍색 산딸기가 짐승에게 따먹히지 않고 밤사이 빨간 물이 들어서 나를 기다리고 있었다. 기뻤다. 그 산딸기를 따면서 어머니의 표정이 떠올랐다. 내가 병원에서 어머니께 한 그 말을 듣는 쓸쓸한 어머니의 얼굴이.

지금쯤 어머니는 수술한 자리가 회복될 것을 기다리며 외로움과 고투를 하고 계실 터이다. 어머니는 그 외로움으로부터 이겨내야 한다. 그래서 내년 이맘때엔 미국 사는 이 딸네 집 울타리에서, 당신을 외롭게 한 이 딸과 함께 산딸기 따기를 해야 한다. 그때는 내가 어머니를 덜 섭섭하게, 덜 외롭게 위로해 드리리라.

풍속화와 몸짓명상

옛 고향풍경이 그림되어 우리 앞에 섰다. '분출하는 생명력, 한국의 숨결'이라는 이름으로 이제는 전설같은 옛 이야기가 된 고향의 풍속도…. 우리가 이런 때도 있었나 싶은 먼 이야기들이다.

화려하게 펼쳐지고 있는 시골의 혼인잔치, 지붕 위에서 이엉을 엮고 있는 모습, 가을 날 고추를 말리고 있는 시골 마당, 냇가에서 고기잡는 아이들, 신발을 고치고 있는 신기료 장수, 겨울날 눈발치는 아이들, 쥐불놀이 하는 아이들, 때때옷 입고 세배하러 가는 설날 아침…. 모두가 오랫동안 우리들 가슴에 묻어두었던 옛 정경들이다. 눈 감으면 아른거리는 먼 어릴 적 추억들이 고스란히 그림 속에 담겨있다. 청사 이동식 화백의 풍속 그림이다.

그의 그림 속에 우리들의 할아버지, 할머니, 아버지, 어머니, 언니 오빠, 누나 동생, 그리고 같이 놀던 친구들이 있다. 그림들을 보면 어릴 때가, 옛날이 그리워진다.

청사 이동식 화백을 알게 된 것도 햇수로 한 20년은 된 것 같다. 그가 뉴저지에서 전시회를 했을 때 신문사 문화부 기자로 만난 후 오랫동안 격조하다가 수년 전 우연히 서울서 만나 이 전시회를 기획했다. 아이들에게는 우리 조상들이 살아온 모습을, 어른들에게는 우리의 지난날을 돌아보게, 그리고 외국인들에게는 우리의 풍속을 보여주기 위한 의도였다.

오직 풍속화만 전문으로 그려온 청사에게 딱 맞는 전시회이기도 하다. 어디 풍속화뿐인가. 가족의 평화스러운 모습을 그린 가족도와 행운을 주는 길상도가 함께 있어 더욱 좋다.

오프닝 리셉션 날, 벽의 한 면을 차지한 '태양조의 찬가' 앞에서 연극인이며 춤꾼이며 몸짓명상가인 강만홍 교수의 '돌 이야기'를 제목으로 한 퍼포먼스가 함께 어우러져 관람객들을 환상의 세계로 이끌었다. 퍼포먼스 '돌 이야기'는 우리는 어디서 와서 어디로 가는가, 하는 화두를 던지고 스스로 해답을 찾게 하는 공연이었다.

하늘 멀리 구름 위로 훨훨 학이 나른다. 붉게 떠오르는 태양을 향해 날아가는 학은 학이 아니라 전설 속의 새, 태양조. 그 '태양조의 찬가' 앞에서 강만홍이 한 마리 학이 되어 명상 춤을 춘다.

음악이 잔잔하게 흐른다. 하얀 옷에 맨발의 강만홍이 나타난다. 그는 하얀 길에 놓인 돌 하나를 등에 업고 촛불을 머리에 인다. 그리고는 두 팔을 벌리고 느린 동작으로 앞으로 나간다. 한 마리 학이 되어 난다. 촛불이 농을 흘린다. 머리에서 이마로, 이마에서 콧잔등을 타고 촛농이 흐른다. 촛농이 눈물되어 흘러내린다. 뜨거움도 모르는가, 맨 머리에 달랑 올려놓은 촛불이 미세한 바람에 일렁이며 계속 타들어가서 농이 흐르는데, 강만홍은 계속 움직인다. 팔은 허공에서 놀고, 발은 땅을 밟다가 허공에 떠 있다가…. 그렇게 길을 가고 또 간다. 이윽고 머리 위의 하얀 초가 다 타버린다.

그림 속의 태양조가 춤을 추는 것 같기도 하다. 두 팔 벌려 온몸으로 힘을 모으는 몸짓이 우주의 기를 부르는 듯 신비롭다. 돌을 내려놓는다. 인생이 구르듯 돌이 구른다.

무거운 삶의 짐을 다 내려놓은 것인가. 강만홍이 본래의 모습으로 되돌아왔다. 공연이 끝나고 강만홍은 돌과 한 판 놀았다고 하며 웃는다.

풍속화 하면 한국화이면서 색채나 묘사가 전통적인 것들이어서 명상이나 몸짓, 그리고 퍼포먼스가 이질감이 생기지 않을까 하는 생각을 잠시 했었다. 그런데 퍼포먼스의 도사인 강만홍 교수가 우리의 풍속화이기 때문에 더 어울린다는 말을 하면서 '돌 이야기'를 제목으로 한 몸짓 명상을 내 놨다. 한국화 전시회에 한국 춤이나 대금, 혹은 가야금이 어울리지 않느냐는 일반적인 생각을 무참히 꺾어버리고 새로운 세계를 창출한 것이다. 강만홍 만의 예술세계인 것이다.

강만홍 교수를 처음 만난 건 10년도 훨씬 전 맨해튼 32가에서였다. 깨끗한 얼굴의 그는 회색의 두루마기를 입은 꼭 도인 같은 모습을 하고 있었다. 미술평론가인 장석원 교수가 몇 개월 뉴욕에 머물면서 나와 만나고 있었는데, 그때 우연하게 맨해튼에서 그와 마주쳤고, 두 사람이 아주 반가워하는 모양새가 보통 친한 사이는 아니라고 짐작했다.

그때 김교수도 무슨 바람이 불었는지 갑자기 수염을 길게 기르고 있어서 나는 32가 한인타운에서 사람들의 시선을 받으며 독특한 모양새를 한 두 남자를 한꺼번에 만나고 있었던 것이다. 그 후 라마마 극장이나 한국에서 강만홍 특유의 신체 연극을 봤다.

풍속화가와 몸짓명상과의 만남, 청사 이동식 화백과 강만홍 교수와의 만남, 그것은 우연이 아니다. 오프닝 날 세 사람이 마주 앉아 이야기하다 보니 두 사람의 고향이 다 천안이었고, 그들이 미국에 와서 임시로 머물고 있는 곳이 뉴저지 팰리세이드 파크였다.

태어난 고향이 같다는 것, 또 한 사람은 전시회 때문에, 또 한 사람은 초빙교수로 와서 머물고 있는 집 동네가 같다는 것, 그리고 뉴욕에서 전시회와 퍼포먼스를 함께한다는 것, 이게 어찌 우연이겠는가.

청사 이동식 화백은 그림을 통해 고향을 떠나서 이민살이 하는 한인들에게 고향의 맛을 보게 하면서 추억을 되살리게 해줬고, 강만홍 교수는 몸짓명상을 통해 복잡한 이민생활에 지친 관람객들에게 잠시나마 정신적인 안정을 갖도록 해 줬다.

앞으로 1개월간 있을 전시회에서 많은 사람들이 그림을 보면서 옛 고향의 정서를 찾게 될 것이다. 그리고 힘든 이민생활의 스트레스를 그리웠던 풍경들 앞에서 풀며 잠시라도 편안하게 머물 것이다.

어머니, 어머니…

로션, 영양크림, 파운데이션, 콤팩트…. 내가 쓰는 화장품 대부분은 'Made in Korea'이다. 어디 그뿐인가. 치약, 샴푸, 린스, 바디클린저, 그리고 세숫비누까지도 한국산이다. 또 있다. 어느 단체 이름과 행사일이 인쇄 되어있는 타월들이다. 그러고 보면 화장품과 목욕탕에서 쓰는 대부분의 용품이 다 한국 것이다.

마켓에서 사면 값이 얼마 안 되는 것들, 따지자면 구태여 이런 것을 한국에서까지 가져올 필요가 없는, 값싼 일상 생활 용품이다. 그런 것들이 목욕탕 여기저기에 널려있다. 모두가 내게는 소중한 것들, 어머니의 사랑이 깃든 것들이다.

한국에 나갔다 올 때 어머니는 미국으로 돌아가는 딸에게 무엇 하나라도 줘서 보내려고 그동안 모아놓았던 이런 것들을 방바닥에 주욱 내어 놓으신다. 어머니가 직접 가게에서 산 것도 있겠지만 대개는 누군가로부터 명절이나 기념일에 받은 것들이다.

이제는 연로하여 젊으셨을 때처럼 당신이 손수 돈을 만들지 못하는 처지여서 딸에게 무엇 하나 제대로 사 줄 수도 없는 어머니는 이렇게 생겨진 것들이나마 딸에게 줘서 미국에 들려 보내고 싶어 하시는 것이다.

남편은 별 것들을 다 욕심내서 가져가려 한다고 옆에서 투덜거리지만 나는 어머니가 내 놓으신 것들을 하나도 남기지 않고 가방 속의 옷 사이사이에 넣어서 가져온다. 어머니는 그런 나를 보고 흐뭇해하신다.

30년도 훨씬 전, 미국에서 누가 오면 세숫비누, 치약, 샴푸 등을 갖다줬다. 미제가 좋다 하는 그 시절, 우리는 그런 것들을 받아서 얼마나 아껴 썼는지 모른다. 비싸고 좋은 것이 아니어도 좋았다. 그저 미제라는 것을 쓸 수 있다는 것 때문에 그것들을 소중하게 썼다. 그런 시절이 있었는데, 지금 미국에 이민 와 살면서 예전 한국에서 미제를 좋아하며 쓸 때처럼 '메이드 인 코리아(made in korea)'의 화장품과 비누를 쓰면서 좋아하고 있다. 오직 어머니가 주신 것이기 때문이다.

5월 8일 한국의 어버이 날 어머니께 전화를 한다고 며칠 전부터 생각했는데 그만 깜빡 잊어버렸다. 어버이 날 전에 무엇 하나 사서 보내드리는 게 뭐가 그리 힘드는지. 전화만 해도 반가워서 어쩔 줄 몰라 하시는데, 선물이라도 하나 받으신다면 얼마나 좋아하실까.

이제껏 어머니께 그리 한 번 못하고 살고 있다. 오늘 아침 세수를 하면서 언뜻 전화 생각이 나서 아차 싶었다. 올해는 전화조차도 못한 것이다. 어쩌면 어머니는 딸이 세수를 하면서, 목욕을 하면서, 머리를 감으면서, 화장을 하면서 당신을 생각하라고 이런 것들을 주셨을지도 모른다.

버지니아 공대 사건이 일어난 다음날 어머니가 전화를 하셨다. 너희들이 사는 곳엔 별 일이 없느냐고. 그때도 내가 먼저 전화를 드렸어야 하는데, 잔인한 광경의 그 TV 뉴스를 보시던 어머니가 딸네 가족이 걱정되어 사무실로 전화를 하셨던 것이다.

9·11 사태가 났을 때도 어머니가 먼저 전화를 하셨고, 폭설이 와서 길이 끊기고 많은 인명 피해가 났을 때도, 정전사태가 났을 때도 어머니가 먼저 전화를 하셨다. 한국서 아무도 전화를 하지 않았는데 어머니한테만 전화가 왔다.

어머니 사랑을 이길 자녀 없다고 했던가. 맞는 말이다. 어머니의 사랑은 무한정이다. 효자, 불효자를 따진다면 나는 무조건 불효자다. 어머니의 사랑을 갚을 일이 막막하다. 한국에 혼자 외롭게 어머니를 사시게 해놓고 미국서 뿌리내리겠다고 이민 온 딸의 불효가 크다.

아이들은 이제 한국은 낯선 곳이고, 미국은 제 나라처럼 되어버렸다. 며칠 전 아들녀석이 한 2년쯤 있다가 저는 아파트를 하나 얻어서 나갈 테니 엄마아빠는 한국사람들이 많이 사는 동네로 이사를 하란다. 저희들 때문에 이 먼 동네에서 고생하며 출퇴근 하는 엄마아빠를 생각해서 하는 말이다. 그런데도 그 말을 듣는 순간 왜 그리 섭섭한지. 대학에 들어가면서 몇 년간 떨어져 살았는데, 이제 아주 헤어지는 게 아닌가 싶은 생각이 들어서이다.

같은 뉴욕인데도, 그리고 아직도 2년이 남았는데도 아들녀석의 헤어져 살자는 말을 듣고 이리 섭섭한데, 딸을 남의 나라에 보내고 홀로 사시는 연로한 어머니의 마음이야 어떠할까. 주변에 돌봐 줄 누구 한 사람 있는 것도 아니고.

딸, 손주가 보고 싶어도 마음대로 볼 수 없고, 이쪽에서 전화를 하지 않으니 손주들 목소리가 듣고 싶어도 전화비용이 무서워서 할 수 없고. 그래서 보고 싶거나 목소리가 듣고 싶을 때도 참으시다가 미국에서 무슨 사태가 났을 때 혹시라도 딸네 가족이 위험하지 않을까 걱정되어 전화를 하신다. 그게 어머니의 마음이다.

한국서 작은 방에 갇혀 혼자 사시는 어머니. 그 어머니를 생각하면서 마음 아파하고 있다. 마음이 시리다. 온통 저려오는 이 마음을 어쩌면 좋을까. 세월은 자꾸만 흐르는데, 세월이 흘러서 어머니는 자꾸만 더 할머니가 되어가는데….

어머니, 어머니! 어쩌라고 세월은 속절없이 그렇게 흐르기만 할까요.

달빛차 인연

달빛차가 바닥이 나고 있다. 찻자리가 서너 번 더 있으면 아주 없어질 모양이다. 처음부터 너무 많이 마신 때문이다. 성춘복 시인이 갖다 준 차라고 자랑하면서, 알지도 못하는 달빛차 만드는 시인 멋있다고 칭찬 섞인 홍보를 해 가면서 이 사람 저 사람 막 마시게 한 탓이다. 좋은 차를 준다고 알아주지도 않을 사람들한테.

차통에 얼마 남지 않은 차를 보고는 이렇게 후회 같은 생각을 하다가 이내 또 후회한다. 이러면 안 되는데, 사람들에게 차를 마시게 하는 마음이 이런 건 아니었는데…. 아직도 버리지 못하고 가슴 한 구석에 살아서 꿈틀거리는 이기적인 내 잘못된 마음을 나무란다.

반야로(般若露)차를 마시면서도 그랬다. 반야로 차도문화원 채원화 원장이 한국에 나갈 때마다 곱게 싸 주곤 하는 반야로 차는 현대에 와서 많은 사람들에게 차를 마시게 한 효당 최범술 스님이 만든 차다. 효당스님은 이미 오래전에 돌아가셨지만 미망인인 채원장이 그분의 차를 그대로 만들면서 차도의 맥을 잇고 있다. 은은하면서도 독특한 깊은 향과 맛으로 이제껏 좋아하면서, 나를 찾아오는 누구에게나 이 차의 유래를 얘기하며 마시게 해 준다. 그러다가 차가 바닥이 날 즈음이면 아끼지 않고 마신 것을 후회하곤 한다.

달빛차와는 최근에 만났다. 어느 시인이 만든 차라고 했다. 어떤 시인인지 궁금했다. 차 이름도 왜 달빛차인지, 그렇게 이름붙인 것도 궁금했다. 달빛보고 자란 차? 달빛 아래에서 딴 차? 달빛 아래에서 덖은 차? 달빛 아래에서 마시는 차? 차를 만든 사람이 시인이라니까 시인답게 하기 위해 붙인 이름…?

궁금증을 일게 한, 이름도 아름다운 달빛차를 1개월가량 신나게 마셨다. 혼자 마시다가, 직원들과 마시다가, 방문객이 오면 함께 마시다가.

그런데 그 달빛차가 이제 얼마 남지 않았다. 이젠 아껴야 한다.

달빛차는 지난 6월 시화전을 위해 뉴욕을 방문하신 성시인님의 선물이다. 내가 차를 즐겨 마시는 것을 모르실 터인데, 선생님은 나에게 가장 좋은 선물인 차를 주시면서 하동에서 어떤 시인이 만든 맛있는 차라고 설명했다. 그때 별 생각없이 "괜찮네요" 하면서 마셨다.

성시인이 떠난 뒤 혼자 앉아 달빛차를 마셨다. 그런데 그 맛이 참 괜찮다. 달빛 닮은 달빛차, 뜨거운 물에 우리면 노리끼리한 색을 내는 반발효차다. 다른 차에서 느끼지 못하는 독특한 향이 배어있다. 그 맛에 자꾸만 마음이 끌린다. 반발효차에서 이런 향이 날까. 처음부터 이런 맛을 느꼈으면 성선생님께 참 맛이 좋다고 했을 텐데. 그랬으면 나를 주겠다고 서울서부터 일본을 거쳐 뉴욕까지 가져오신 선생님의 마음이 얼마나 더 기뻐셨을까 싶다.

차통을 자세히 들여다봤다. 전통 수제차라고 했다. 타원형의 달빛 그림 속 풀잎 위, 차가 있는 찻잔에 찻잎 한 잎이 떨어지는 그림 위에 달빛차라 적혔다. 그 옆에 '문덕산 두견봉 수류화개 다선초당/ 무일거사가 차를 달이니 날개 없는 대붕(大鵬)이 창공을 날고/ 무심선사가 차를 마시니 삼천대천 세계에 달이 돋는다.'는 시가 있다. 그 밑에 '한냇물 벽사 시(詩)라 고 작게 씌어있고, 반대편에 '화개 문덕산 두견봉 기슭, 달빛 초당(茶仙草堂)이 나온다.

인터넷에서 달빛차와 달빛초당을 찾아본다. 달빛차를 만드는 달빛초당 주인은 김필곤 시인이었다. 한국에 나가면 한 번씩 가던 곳. 갈 때마다 이곳에 살았으면 좋겠다며 아름다움에 취하던 그 섬진강 동네, 하동의 화개동천, 그곳에서 차밭을 하며 시를 쓰는 시인이었다.

'삶도 취미롭게 살고파서, 한나절은 시를 쓰고, 한나절은 차 끓이며, 한 나절은 땔나무 하면서 그냥 그렇게 살아가고 있는' 시인. 차에도 달빛이 있고, 달빛에도 시가 있고, 시에는 향기가 있다'는 시인. 지금 내가 마시는 이 달빛차에 김시인의 시와 향기가 담겨있을 게다. 그의 시를 읽고 나서 차 맛이 더 좋아진 것일까, 차향이 하루 종일 사무실을 그윽하게 해 준다.

그러던 중 엊그제 나와 만나기로 약속한 경희대 이근수 교수가 내 사무실에 들어오자마자 테이블에 놓인 달빛차를 보더니 놀라움과 반가움이 섞인 목소리로 "어, 저거 내 찬데!" 했다. 나는 농담인 줄 알았다. 그런데 달빛차는 정말 그의 차였다. 이교수는 대학 퇴직 후에 화개동천에서 차를 만들면서 차인으로 살겠다고 이미 오래전에 그곳에 조그만 차밭을 마련했고, 지금은 그 밭을 김시인이 맡았다고 설명했다.

한국서 온 이교수는 자기 차밭에서 얼마 나지 않는 차가 뉴욕의 어느 신문사 사무실에서 누군가가 마시고 있다는 것에 감동을 했겠지만, 나는 나대로 성시인, 김시인, 이교수, 그리고 뉴욕의 나와 연결되는 달빛차의 인연이 그저 우연은 아닌 것 같아 한참을 신기해했다.

이교수는 앞으로 햇차가 나오면 한 통씩 보내주겠다고 했다. 그리고 한국에 나오면 그곳에 한 번 가자고도 했다. 그렇잖아도 처음에 달빛차를 받을 때 수필가 우희정씨가 내가 좋아할 곳이라며 같이 가자고 한 말을 잊지 않고 있다. 차 만드는 시인도 궁금하고, 달빛초당도 궁금하고…

오늘도 달빛차를 마시면서 달빛차의 인연을 생각한다. '다심정, 그 달빛 밤에, 달빛처럼 끓이는 차'라고 노래한 시인의 시가 참 아름답다. 그 달빛초당에서 내 좋은 사람들 둘러앉아 달빛차 마시는 꿈을 꿔본다.

세월의 향기

미술관련 자료를 찾기 위해 책꽂이를 훑다가 나란히 꽂힌 두 권의 책이 눈에 잡혔다. 영미문학사와 영문학 개론이다. 책을 뽑아본다. 책 표지 위쪽에 먼지가 하얗게 쌓여있다. 아주 오랫동안 한 번도 펴보지 않았다는 증거다. 책 뒷장에 이름이 적혀있다. SJH. 그 아래 내 이름이 씌어있다. 책에서 곰팡이 냄새가 난다.

간혹, 전화를 하려고 수첩에서 전화번호를 찾다가 전화 할 사람의 이름을 잊어버린다. 그 짧은 잠시 사이 전화할 사람의 이름을 놓쳐버리고는 가나다순으로 적혀있는 수첩 속의 이름을 전부 훑어본다. 그러다가 오랫동안 소식이 끊어졌던 이의 이름이 눈에 들어오면 그 번호로 전화를 건다. 그때 정작 전화를 하려고 했던 사람의 이름은 뒤로 밀리게 된다.

오늘 꼭 그 모양이 됐다. 찾으려는 책은 못 찾고, 엉뚱한 책 두 권을 들고는 타임머신을 타고 40년 전으로 달린다.

대학 1학년 때 S를 만났다. 그녀는 나보다 한 5년은 나이가 더 들었을 것이다. 그런데도 삶의 방식이나 생각이 나보다 10년 이상은 더 어른이었다. S는 종업원 5명을 거느린 다방 주인이었다. 그 시절 다방 주인으로는 드물게 대학서 영문학을 공부한 인텔리 여성이었다.

다방에는 따로 마담을 두지 않았기 때문에 사람들은 그녀를 보고 마담이라고 불렀다. 그러나 그녀의 어디에서도 다방 마담이 풍기는 그런 냄새가 전혀 나지 않았다. 여느 다방 마담처럼 멋을 부리지 않았고, 있는 그대로 수수한 모습으로 손님을 맞이했다. 체구가 자그마한데다가 항상 얼굴이 창백하였다. 그녀는 차분했고, 아는 게 많았고, 특히 마음이 착했다.

1학년 중반 무렵, 고등학교 때 선생님의 소개로 그녀를 만났다. 사무실이 즐비하게 늘어서 있는 북성로에 그녀의 다방이 있었다. T시에 살면서도 이곳은 갈 일이 없어서 나에겐 낯선 동네였다. 다방 출입이 별로 없었던 나는 혼자서 주저하며 다방 문을 열었다. 화장을 많이 하고 화려한 옷을 입은 레

지들 뒤에서 수수한 차림의 그녀가 나를 반겨주었다.

S는 1주일에 한 번씩 토요일에 찻값을 반액으로 받는, 그 당시 다방으로서는 감히 생각도 할 수 없는 스페셜 이벤트를 마련하고 손님을 끌고 있었다. 더욱이 반액으로 판매한 그날 수익금은 몇 개월 모아서 가난하고 공부 잘 하는 학생에게 장학금으로 주었다. 그래서인지 다방에는 항상 손님이 가득 찼고, 토요일이면 손님이 더욱 많았다. 그 동네 손님뿐 아니라 반액 찻값이 장학금으로 쓰인다는 소문을 듣고 멀리서도 일부러 몇 명씩 짝지어 와서 차를 마시고 가곤 했다.

그때 그녀는 신문을 만들겠다고 생각했고, 대학 1학년인 나는 선생님 추천으로 신문 만드는 아르바이트를 위해 이 다방을 찾아간 것이다.

그녀는 내가 마음에 들었는지, 좋은 조건으로 나에게 신문 만들어 줄 것을 부탁했다. 나도 뭔가 모르게 사람을 끄는 것 같은 그녀가 마음에 들어 처음부터 언니라 불렀고, 우리는 빨리 친해졌다. 나는 한 주일에 3, 4일은 학교가 끝나면 다방으로 출근을 했고, 우리는 머리를 맞대고 신문을 어떻게 만들 것인가를 구상했다. 그리고 어느 날 그녀는 옆에서 도와주겠으니 신문을 내 마음대로 만들어보라고 했다. 그렇게 해서 나는 그 다방에서 발행하는 신문을 편집하게 되었다.

지금 우리가 보는 일간 신문지 절반 크기의 4페이지짜리였다. 그 신문이라는 게 원고를 필경하여 등사판으로 미는 거였는데 시, 수필, 건강 상식 등으로 꽤 재미있게 꾸며 그 동네와 다방을 찾는 손님들에게 좋은 읽을거리를 마련해 주면서 인기를 모았다. 특히 몇 개월에 한 번씩 장학금을 받는 장학생 인터뷰를 하여 그 글을 싣는 것은 보람있고 재미있는 일이었다.

그 신문 만들기를 꽤 오래 했다. 학교서 방송반 활동을 했는데, 목소리가 괜찮다 하여 KBS에서 원고 읽는 아르바이트 자리를 주었지만, 그도 마다하고 이 신문 편집에만 열중했다. 나의 이 신문 만드는 일은 내 또래 학생들의 부러움을 많이 산, 그 시절 학생의 아르바이트 치고는 아주 고급 아르바이트였다.

그녀가 매달 나에게 쥐어주는 돈도 꽤 짭짤했지만, 그보다는 고교 때 만들던 교우지 편집이나 대학 학보사 기자로 활동하는 것보다는 매달 깡그리 나의 손만을 거쳐 나오는 신문이 사람들에게 재미있게 읽힌다는 게 자랑스러웠고, 자부심을 갖게 했다.

내가 그곳에 드나들면서 다방 분위기도 조금씩 달라졌다. 거리가 멀지만 대학생들이 왔고, 문학도들이 찾아왔다. 나와 잘 아는 중견화가를 S에게 소개하여 그 화가의 그림을 다방 벽에 걸어놓기도 했다. 손님들이 다방에 들어오면 입구에 쌓아놓은 신문을 한 장씩 들고 자리에 앉아 내가 만든 신문을 읽고, 그림을 감상하면서 대화를 나누었다. 그렇게 다방 분위기가 고상하게 차원이 높아져 갔다.

S는 나에게 더 관심을 갖고 잘 해 줬다. 그때 그녀는 내가 학교에서 필요한 영문학 개론이나 영미문학사 등 본인이 공부했던 교과서를 고스란히 나에게 물려주었다.

2년 넘게 그곳을 다니면서 신문을 만들었고, 그녀와 친하게 지냈는데, 정말 안타깝게도 그녀가 아파서 다방을 다른 사람에게 넘겨버렸다. 무슨 몹쓸 병을 앓고 있었는지, 어딘가로 떠난다고 했다. 병명을 알려주지 않은 S는 그렇게 떠났고, 그 후 그녀의 소식은 통 알 수가 없었다. 미국에 이민 오면서 책 정리를 하다가 그녀와의 추억이 어린 이 책 두 권을 짐 속에 넣었는데, 지금 그 책을 펴보고 있는 것이다.

세월이 이렇게 많이 흘러서도 나는 지금 미국까지 와서 진짜 신문 만드는 사람이 되어 사는데, 그녀는 어디서 어떻게 살고 있을까. 건강해서 지금 어딘가에 살아있다면 칠십 가까운 할머니가 되어있을 터인데.

그녀가 쓴 이름만 쓸쓸하게 남아있는 책에서 그녀의 체취 같기도 한, 세월의 향기가 확 풍긴다.

사는 동안 한 번쯤이라도 그녀를 만나고 싶다.

문화예술과 살아온 언론인의 삶과 깨달음

-『수평선 그 너머에는』을 중심으로

정목일

(한국수필가협회 이사장. 한국문인협회 부이사장)

1. 재미(在美) 한국 문화예술계의 견자(見者)

재미 수필가 김옥기가 2010년 처녀수필집 『바람이 부는가』 출간에 이어, 4년 만에 제2 수필집 『수평선 그 너머에는』을 상재한다.

수필가 김옥기는 미국에서 발행되는 『세계일보』 문화부장으로 재직했던 재미언론인이다. 문화예술인들을 만나며 취재, 인터뷰 등으로 신문의 문화면을 채워온 기자였다. 발로 뛰고 눈으로 보고 손으로 써야 하는 삶을 이어왔다.

기자는 첨예한 시각으로 현장의 모습과 진실을 기록한다. 많은 취재원을 가져야 하며 관심 분야에 전문지식과 정보를 확보해야 한다. 기자의 사명은 사실의 기록에 있지만, 수필가는 사실의 기록이 아닌, 사실을 통한 인생의 발견과 의미부여에 있다.

김옥기의 수필에서 드러난 주제나 소재는 자연스럽게 문화예술이 주 관심사일 수밖에 없다. 평생을 통해 문화예술인을 만나고 현장을 찾아다니며 취재했다. 제2수필집 『수평선 그 너머에는』엔 작가가 만난 문화예술인들의 삶의 풍경, 에피소드, 예술세계와 문화현장, 예술인의 삶 등이 생생하게 그려져 있다. 한국인으로서 미국에서 활동하고 있는 예술가들의 삶과 예술 활동과 작품세계를 생생하게 그려 놓고 있다. 이 수필집은 미국에서 활동하고 있는 한국인 예술가들의 모습과 실황을 기록하고 있다는 점에서 문화사적 자료의 의미도 지니고 있다.

프랑스의 시인 랭보는 시인을 일컬어 '견자(見者)'라고 했다. 견자는 '보는 자'라는 말이다. 작가란 곧 '관찰자'임을 말한다. 작가의 사명은 사회현상과 삶에 모습을 관찰하여 바람직하지 못한 현상을 바로 잡고, 올바른 방향을 제시하는 사람이므로 모두가 잠 잘 적에도 깨어있지 않으면 안 된다. 관찰자는 기록자이기 때문이다. '기록'은 사라지지 않는 영원장치이므로 인간의 한시성(限時性)을 초월하는 의미를 지닌다. 수필은 있는 그대로의 기록이 아니라, 어떤 현상, 일, 사건을 통한 인생적인 발견과 깨달음의 미학을 꽃피워 놓아야 한다. 수필이란 나의 삶과 인생을 담는 그릇이므로 인생경지가 곧 수필의 경지가 된다.

김옥기 수필가는 문화부 기자로서 한평생을 보냈기에 누구보다도 문화예술 속에서 삶을 영위해왔다. 미국에서 27년째 살고 있지만, 한국인의 정서와 문화정체성을 잃지 않고 있다. 「장승과 동자석」「풍경소리」「도장, 그 추억의 예술품」 등은 한국 전통문화의 숨결과 맥박을 고스란히 보여주고 있는 작품들이다.

또한 김옥기 수필가는 뉴욕에서 재미화가들을 돕기 위해 화랑(畵廊)을 경영하기도 했다. 재미 한국인으로서 미술에 대한 전문 지식으로 미학적인 관점의 사유와 전개를 보여준다. 현재 재미 수필가들의 수필 주제와 소재들을 보면, 고국에 대한 추억과 향수, 이민 생활에서 겪는 적응과 부적응에 대한 삶의 일화, 이민자로서 삶에 대한 애환 등을 드러내고 있다. 대부분의 수필가들이 신변잡사(身邊雜事)를 소재로 한 글쓰기에 매달려 있는 데 반해 김옥기 수필가의 경우는 문화예술 전반에 대한 폭넓은 체험을 바탕으로 전문적인 글쓰기를 선보이고 있다는 점에서 독자성과 차별성을 보여준다.

자신만의 뚜렷한 테마를 지니고 독자적인 세계를 구축하고 개척해 나간다는 것은 수필의 전문성을 확보하는 일이며. 수필문학 발전에도 도움이 되는 길이다. 이런 점에서 김옥기는 재미 수필가 중에서 자신의 주제와 전문 영역을 확보한 본격적인 수필가임을 입증하고 있다.

김옥기 수필가는 신문사에 재직했을 때 일주일에 한 번씩 문화 칼럼을 집필하여 연재한 바 있다. 칼럼은 대개 시사성을 띠고 있으며, 지식과 논리를 통한 분석과 문제해결을 위한 방안을 제시하고 공동체의 발전을 꾀하는 데 있다. 그러므로 개인성에 치중한 수필과는 달리 공익성을 띠고 있다. 김옥기의 이번 수필집 『수평선 그 너머에는』에서 보이는 작품들은 결이 고르고 향기가 높은 서정수필을 선보이고 있다. 서정수필이되 감성 위주의 토로나 독백이 아닌, 문화적인 안목과 깊이와 사유를 펼쳐서 삶을 더욱 풍요롭게 만드는 지혜와 길을 안내해주고 있다.

2. 한국의 영혼과 재미 한국인의 삶

한국문화와 미국문화는 역사, 전통, 풍속, 기질 등에서 다른 점들이 많다. 전통 주택과 집안 장식물도 민족에 따라서 각양각색일 수밖에 없다. 동질성과 이질성을 지니고 있다. 혼례복 차림의 장승부부를 세워놓을 장소를 택한다는 것도 문화적인 안목이 아닐 수 없다. 장승은 한국에선 고개나 마을 입구에 세운 것인데, 공예품으로 만든 장승의 경우엔 현대 감각에 맞춰 크기에 따라 가장 알맞은 공간이 필요하다. 미국에까지 가져온 장승이라면 한국문화의 얼굴을 보이는 일인 만큼 문화적인 안목이 있어야 한다. 장승은 마을 수호의 마음을 담은 주술성이 있는 문화재이므로 집 뒤쪽 숲에 세워야 좋을 듯하다는 작가의 눈썰미에 수긍이 간다.

「풍경소리」에서 한국의 풍경을 사와서 달아 둘 곳을 궁리하는 일, 풍경을 달아 놓고 소리를 들어보며 한국의 자연과 바람소리를 느껴보는 여유와 문화의식이 돋보이며 향수를 자아내게 한다. 외국에서도 한국문화를 아끼고 그 숨결을 이어가려는 마음이 닿아온다.

한국에 가면 운현궁 근처에 있는 친한 화가의 집에 머물곤 하는데, 그 집 리빙룸에 동자석이 있다. 동자석은 꼭 나를 기다리고 있었던 것처럼 매번 나를 반긴다. 집주인인 화가가 충청도 시골의 한옥을 팔고 이 집으로 이사 올 때 그 집 정원에 있던 것을 파왔다고 한다. 우리는 금방 친해졌다. 매일 혼자 있다가 내가 서울에라도 가게 되면 나랑 같이 사는 격이 되었다. 어디에 갔다가 문을 열고 들어가면 그윽하게 바라보는 눈빛이 참으로 친근하다.

그때마다 좋다좋다 하면서, 어떤 때는 지그시 눈을 내리깔고 미소를 짓고 있는 동자석에게 말한다. "야, 내 따라 갈래? 나랑 같이 미국 가서 살자"고. 꼭 아이한테 말하듯 그렇게 꼬셔본다. 녀석은 내 말을 듣고는 싱긋이 웃는다. 정말 꼬셔서 될 일이라면 적극적으로 그렇게 해 보고 싶다. 어떤 때는 주인이 볼세라 녀석의 손 한 번 만지지 못하고 들여다보기만 한다. 이것이야말로 동자석에 대한 나의 일반적인 짝사랑이다. 녀석을 꼭 데리고 살고 싶다. 그런 생각을 하고 다시 녀석을 꼼꼼히 들여다보면 동자석은 더욱 나에게 착 달라붙는다. 아니 내 마음이 더 녀석에게 다가가고 있는지도 모른다.

밤에 누워서 동자석을 바라보노라면 집에 갇혀서 말없이 서 있기만 한 동자석이 얼마나 답답할까 안쓰러운 생각이 들기도 한다. 저 동자석을 누가 만들었을까. 언제 만들어졌을까. 어디로 흘러서 이곳까지 왔을까. 오랫동안 자연 속에서 피어났던 파란 이끼가 몸 여기저기에서 더욱 선명한 꽃무늬를 이루며 세월의 흔적을 보여주던 동자석이 측은하면서 사랑스러웠다. 뉴욕에 와서도 그 동자석이 가끔 보고 싶어진다. 그럴 땐 찍어온 사진을 들여다보곤 한다.

-「장승과 동자승」 일부

김옥기의 『장승과 동자석』은 재미 한국인의 삶 속에 한국 문화의 숨결과 멋을 이어가려는 문화의식과 전통 미학이 잘 드러난 글이다.

장승은 민간신앙의 한 형태로서 마을의 수호신 역할을 하며, 사찰이나 지역 간의 경계표·이정표 구실도 한다. 대부분

남녀 1쌍을 세우고, 5방위 또는 경계 표시마다 세운다. 동제(洞祭)의 주신(主神)이 되기도 한다. 솟대 · 돌무더기 · 서낭당 · 신목(神木) · 선돌〔立石〕 등과 함께 동제 복합문화를 이룬다.

장승은 경계표나 이정표의 구실과 함께 잡귀나 질병으로부터 보호해주는 마을 수호신으로서, 또는 개인의 소원성취를 기원하는 대상으로서 대개 마을 입구에 세웠다. 마을의 수호신과 안내역을 맡은 나무로 만든 인물상인데 특히 해학적인 표정이 눈길을 끈다. 한국 전통문화의 한 표정을 보여주는 상징적인 문화재이기도 하다. 동자석은 사내아이의 형상을 돌에 새겨서 무덤 좌우에 마주 보게 세웠다. 장승과 동자석은 한국의 민속신앙과 기구와 닿아 있는 토속적인 문화재다. 현대에 기독교 국가인 미국의 가정집에 장승과 동자석을 세워 두고 싶은 것은 한국의 전통문화의 숨결을 잊지 않으려는 작가의 한국문화의식이 생생히 살아있음을 보여준다.

"야, 내 따라 갈래? 나랑 같이 미국 가서 살자"고. 꼭 아이한테 말하듯 그렇게 꼬셔본다. 녀석은 내 말을 듣고는 싱긋이 웃는다. 정말 꼬셔서 될 일이라면 적극적으로 그렇게 해 보고 싶다. 어떤 때는 주인이 볼세라 녀석의 손 한 번 만지지 못하고 들여다보기만 한다. 이것이야말로 동자석에 대한 나의 일반적인 짝사랑이다. 녀석을 꼭 데리고 살고 싶다.

위의 문장을 보면, 동자석은 작가에게 돌이 아닌 하나의 인격체인 아이이며, '미국 가서 살자.'고 말과 마음을 나누고 있다. 이런 장면 묘사에서 한국의 전통의 맥박과 체온이 '현대'라는 시간대와 '미국'이란 공간대로 전이되면서 문화의식의 재발견과 음미를 맛보게 해준다. 김옥기 수필가는 현대 문화예술의 최첨단 현장인 미국 뉴욕에 한국의 가장 토속적인 민속문화재인 장승과 동자석을 세워 놓고 대화를 나누고 싶어 한다. 한국문화의 원초적인 맛, 멋, 흥, 아름다움과 함께 자연과 삶을 온몸으로 체득하고 있다.

김옥기 수필가는 오랫동안 뉴욕에서 미술 갤러리를 운영했던 인물이다. 재미 한국 화가들의 창작활동과 작품세계를 알리는 데 기여해왔으며 현대 미술에도 전문적인 식견과 감별력을 지니고 있다. 현대는 개인의 독창성이 빛을 내뿜고 있는 시대이지만, 고대일수록 행복을 염원하며 더불어 살아가려는 의식으로서 공동체 기원을 담은 문화재를 눈여겨 볼 필요가 있다.

한국에 갈 때마다 한국을 미국으로 가져오고 싶어진다. 어쩌다가 와서 살게 된 땅은 미국이지만, 땅만 미국이게 살고자 하는 마음이다. 그래서 마음에 담아둘 수 있는 것들, 한국을 생각나게 하는 것들, 이곳이 미국이 아니라 한국이지, 하며 생각할 수 있는 것들에게 욕심을 갖는다.

마음대로 읽을 수 있는 한글로 된 책들, 틀면 언제든지 들을 수 있는 한국노래의 테이프나 CD, 한국 차, 도자기로 만든 찻잔, 사발… 그러다가 인사동 거리에서 풍경을 만났다. 그것은 내가 직지사나 수덕사, 마곡사 등 사찰 처마 밑에 달려있는 풍경의 모습을 닮았고, 그 소리의 아름다움을 닮아 있었다.

이 풍경은 종 아래에 물고기를 달아 맨 한국의 사찰에서 본 무게 있는 큰 풍경이 아니다. 작은 종 밑에 아주 작은 종 세 개가 달려있고, 그 아래에 둥근 추를 달아서 흔들면 각기 다른 소리를 내면서 그 소리들이 어우러져 아름다운 화음을 낸다. 흔들면 내는 청아하고 아름다이 내는 소리가 좋아 그 풍경 몇 개를 사와 친한 이들에게 나눠주고 한 개를 남긴 것이다.

집 문 밖에 풍경 달 곳을 찾아봤다. 그러나 어디에도 작은 풍경하나 달 곳이 없었다. 한국서처럼 처마 밑에 달고 바람이 불 때 내는 아름다운 소리를 듣고자 했던 작은 꿈은 사라져버렸다. 나의 잡은 처마도 없고, 집에 들어가는 문 바깥에 작은 못 하나 칠 곳도 없다.

풍경 달 곳을 못 찾고는, 이다음에 집 뒤 잔디밭에 정자를 만들면 거기에 달아야지, 하고는 집안으로 끌고 들어온 게 바로 리빙룸과 부엌을 오가는 머리 위 오른쪽이다. 그곳에 못을 박을 수 있는 나무 벽이 있어서 풍경의 자리를 잡아줬다. 그 아래를 지날 때면 머리가 추를 건드리게 되어 풍경이 소리를 낸다. 그래서 서울서 가져온 내 집의 풍경은 부엌을 들락거릴 때에만 머리에 닿아서 소리를 낸다. 그 소리가 참 좋다.

-「풍경소리」 일부

김옥기 수필가의 「풍경소리」를 듣는다. 미국에서 듣는 한국의 소리이다. 풍경은 바람이 부는 대로 흔들려 소리를 내는 종(鐘)으로 주로 사찰의 처마 끝에 달아두었다. 바람이 가볍게 불 적마다 내는 소리가 낭랑하다. 작가는 풍경소리를 듣고 싶어서 서울에서 가져온 것을 미국의 집에 달아놓고서 듣는다. 한국의 음향과 바람소리를 듣는다. 비단 이것만은 아닐 것이다. 풍경소리와 닿아있는 것은 한국의 햇살, 새소리, 꽃향기, 빗소리 등 기억 속에 묻혀있는 추억과 향수의 그리운 대상들이다. 어머니의 음성과 개울물 흘러가는 소리가 깃들어 있다. 풍경소리를 들으면 마음이 온유해지고 평안해진다. 온갖 잡념과 시름이 사라지고 맑아진다. 저자는 '흔들면 내는 청어하고 아름다이 내는 소리가 좋아 그 풍경 몇 개를 사와 친한 이들에게 나눠주고 한 개를 남긴 것이다.'라고 했다. 풍경소리를 들으며 친한 이들과도 만날 수 있음을 알려준다.

김옥기의 제2수필집 『수평선 그 너머에는』도 하나의 풍경(風磬)이 아닐까. 일생의 체험과 영혼을 울려서 내는 낭랑한 깨달음의 풍경소리가 아닐까. 욕망, 집착, 이기, 분노를 한데 뭉쳐 떨쳐버리고, 마음속에서 낭랑히 울려내는 삶의 발견과 깨달음의 득음(得音)일 듯싶다. 맑은 영혼이 보이고 풍경에 닿아 내는 바람의 말이 착하고 순후하다. 하늘과 바람, 햇살이나 달빛이 닿아 내는 오묘하고 낭랑한 풍경소리 같은 마음의 경지를 울려내려면 얼마나 마음을 닦고 비워내야만 할 것인가. 김옥기 수필가의 문장엔 진실과 영혼의 맑음에서 울려내는 음률이 있다.

3. 뉴욕 문화가의 풍경과 삶

김옥기 수필가의 이번 『수평선 그 너머에는』 수필집이 보여주는 차별성은 오랫동안 신문사 문화부 기자로 재직하면서 얻은 미국의 문화현장과 예술인들의 삶의 체취를 전해주고 있다는 점이다. 전위예술가 고(故) 백남준, 시인 박남수 씨를 비롯한 유명 미술가들과 예술인들의 삶의 모습과 작품세계를 접할 수 있는 것도 김옥기 수필을 통한 값진 소득이다. 또한 뉴욕의 문화거리와 풍물을 만날 수 있다.

몇 개월 전, 한국에 나가기 하루 전이다. 후배기자 K가 머리를 멋있게 해주겠다면서 플러싱에 있는 그녀가 잘 아는 Y 미장원엘 데리고 갔다. 퇴근 후에 갔으니 미장원이 문 닫을 시간이 되었지만 원장은 "신문사와 갤러리 일을 하면 그런 분위기에 맞는 머리를 해야 한다"며. 작품 하듯 머리를 잘 다듬어서 정성스레 파마를 하고 염색까지 해주었다.

밤늦은 시간 마지막 손질까지 다 끝난 후 미용사가 내미는 거울 속의 나는 훨씬 젊고 예뻐 있었다. 상쾌한 기분으로 "이 머리가 내일까지 그대로 있었으면 좋겠다"고 말하고 미장원을 나와 밤 12시가 지나서 집에 도착했다.

… 중략 …

내 머리를 본 딸아이가 "엄마 머리가 멋있어졌네!" 한다. 세대차이가 있으니 제 눈에는 멋있어 보였는지, 아니면 위로의 말이었는지도 모른다.

찜찜한 마음으로 비행기를 탔다. 비행기 속에서도 머리 때문에 마음은 여전히 편치 않았다. 서울에 도착하여 한 열흘 머무는 동안 아는 사람들을 많이 만나면서 나는 무슨 죄인처럼 서먹해 했다. 그런데 사람들은 나를 보자 활짝 웃으면서 이제 미국사람이 되어서 왔다고 한마디씩 한다. 머리가 노란색이면 미국사람인가. 영어도 잘 못하면서 나는 머리 색깔 때문에 중년이 넘은 나이에 미국사람이 된 것이다.

미국에 살면서 14년 만에 노랑머리 덕분에 미국사람이 된 나는 서울, 대구, 광주, 여주, 청평 등을 휘젓고 다니면서 화가, 교수, 스님, 그리고 목사님도 만났다. 노랑머리 탓에 어른들 앞에서는 죄송한 마음을 가지면서 한국서의 일정을 마치고 뉴욕으로 돌아왔는데, 여전히 노란 머리칼 사이사이에 더 노란 머리칼이 숨어있었다.

… 후략 …

-「노랑머리 추억 만들기」 일부

미국에 살면서 14년 만에 '노랑머리'로 물들이면서 겪은 감회의 소감을 수필화한 작품이다. 미국에 살면서 미국인의 삶과 모습으로의 변신을 시도한 구체적인 모습을 소개하고 있다. 중년이 넘어 노랑머리로 물들인 것은 미국 생활문화의 적응과 수용을 보여주는 일이다. 노랑머리로 한국에 와서 여러 지인들을 만나며 '죄송스런 마음'을 가지는 등 부자연스러움을 고백하고 있다. '노랑머리'로의 변신은 미국사람이 된 것을 실증하고 있지만, 한국인으로서 정체성을 버리지 못하고 있음을 실토하고 있다. 이민자는 비록 외양과 삶의 환경은 바뀔지라도, 고국에서 타고난 생활 습득의 정체성은 쉽게 버릴 수 없음을 말하고 있다.

아, 아, 백남준 선생님!

20년 전 미국으로 처음 건너왔을 때 세계일보 문화부 기자로 활동하면서 '백남준'이라는 이름 석 자만 들어도 눈에 생기가 돌면서 기운이 솟구쳤었고, 지난 98년 미술 불모지대인 한인사회에 화랑문화를 개척한답시고 롱아일랜드 시티 공장지대의 허름한 건물에 스페이스월드를 개관하고자 마음먹은 것도 백선생님의 격려 덕분이었다. 개관 첫 해인 1998년 '액티브 비젼 II(Active Vision II)'를 성황리 개최할 수 있었던 것도 모두 백선생님이 용기를 불어 넣어주었기 때문이었다. 백선생님을 가까이서 뵙는 것을 큰 행운과 축복으로 여겼다.

지금은 없어진 맨해튼 엠파이어 코리아인가 어딘가에서 거동이 불편하신 선생님을 만나 인터뷰를 했었고, 백선생님의 전시회가 열리는 곳이면 어디든 달려갔었다. 스페이스 월드 개관 당시로서는 백선생님의 이름이 이미 알려진 후였다. 작가들이 많이 참여하는 스페이스 월드 기획전에는 백선생님의 작품을 포함시켜 제2의 백남준을 꿈꾸는 한인 청년작가들에게 희망과 예술혼을 불어 넣어주었다. 그리고 새 천년맞이의 벅찬 감동을 표현하기 위한 백남준 특별전 … 중략 …

백선생님께 송구스럽기 짝이 없다. 백선생님이 한국과 이곳 한인 미술계에 큰 정자나무가 되어 쉼터를 마련해주셨지만, 따지고 보면 후배들은 해드린 게 별로 없다. 마지막 가시는 길에 작별인사를 못 드리는 게 두고두고 후회가 될 것 같다.

아, 백선생님! 어쩌면 그렇게 떠나셨는지! 후배들은 죄송함을 어떻게 사죄하라고 훌쩍 떠나셨는지! 어떤 신문은 백선생님의 장례식 소식과 가수 비의 맨해튼 메디슨 스퀘어가든 공연을 함께 전하면서 "뉴욕은 비와 눈물에 젖었다"고 전했지만, 지난 89년 천안문사태 이후 중국의 민주화를 돕기 위한 그룹전에 함께 출품하면서 만나 인연을 맺은 이후 백선생님으로부터 많은 사랑과 격려를 받았던 작가 강익중은 물론 다른 뉴욕 한인 작가들은 눈물과 슬픔에 흠뻑 젖었을 것이다.

그분이 모든 후배 작가들의 사표가 되셨기에 어려운 가운데서도 작업에 정진할 수 있었고, 그분이 계셨기에 대한민국 예술이 세계로 뻗어가는 계기가 됐고, 금강산 그림자가 관동 8백리라는 말처럼 대한민국 작가 치고 국제무대에서 그분 덕을 보지 않은 작가가 없었다는 것을 아무도 부인하지 못하리라.

-「아, 백남준 선생님!」 일부

백남준 선생은 세계적인 재미 예술가이다. 백남준(白南準: 1932년 7월 20일~2006년 1월 29일)은 한국 태생의 미국 미술가, 작곡가, 전위 예술가이다. 여러 가지 매체로 예술 활동을 하였고 비디오 아트를 만들어 발전시켰다는 평가를 받은 예술가로 비디오 아트의 선구자이다. 백남준 전위 예술가와 문화부 기자로서의 만남, 친교를 소중히 간직하고 있던 저자로서 백남준 전위 예술가의 타계는 충격이 아닐 수 없었다. 미국 뉴욕은 물론 조국인 한국과 전 세계 사람들의 추모 속에 전위적이고 위대한 예술세계의 평가와 업적에 대해 주목하게 되었다.

선생과 평소의 친분을 가졌던 저자의 남다른 인연과 미국에서의 활약과 재미 예술인들에게 미쳤던 영향력과 슬픔을 잘 그려낸 수필이다. 문화부 기자로서의 남다른 만남과 관찰을 통한 수필로 쓴 추모사이다.

4. 문장의 세련성과 울림

김옥기 수필가는 뉴욕에서 발간되는 세계일보 문화부장으로서 오랜 기자생활을 해왔다. 평생을 글쓰기로 보냈으며, 문인을 비롯한 예술인들과의 교류와 취재를 통해서 문화예술의 깊이와 세계를 누구보다 앞서 체득할 수 있었다.

오랜 기자 생활을 통해 습득된 문장은 간결하고 단아하다. 군

더더기가 없이 형용사나 수사를 동원하려 들지 않는다. 핵심을 파악하며 특성과 본질을 정확하게 포착하고 있다. 기자 출신답게 정확성을 꾀하지만, 수필가로서 감성과 지성을 바탕으로 특유의 쉽고 유연하면서도 분명한 가치관과 미의식을 보여준다. 쉽게 읽히면서 독자들이 저절로 영혼의 깊이와 흥미의 세계로 이끌어 주는 글이다. 탁월한 문장기법이 아닐 수 없다. 문장의 도(道)는 기법, 기술의 차원이 아닌 인생과 마음의 경지에서 얻어진다. 마음이 맑고 향기로워야 문장에서도 맑음과 향기가 나는 법이다. 수필의 경지가 곧 인생의 경지가 된다.

김옥기 수필가의 문장엔 달관과 깨달음의 미소가 있다. 서두르지 않고 느슨하지도 않다. 완급의 조절과 함께 침묵과 명상으로 빚은 울림과 여운을 준다. 기자들은 실제의 모습과 현황 파악에 치밀하지만, 작가는 보이는 것에 닿아 있는 보이지 않는 진실과 핵심을 파악하는 데 주안점을 둔다. 김옥기 경우엔 기자 출신으로 순발력과 취재력과 함께 작가로서의 안목과 관점으로 입체적이고 심도 있는 문장을 보여준다.

김옥기 수필가의 이번 제2수필집 『수평선 그 너머에는』의 상재를 축하드린다. 앞으로 단단한 체험과 문장력, 한국과 미국의 과거와 오늘의 문화현장을 두루 잘 알고 있는 장점을 살려서, 개성적이고도 질(質) 높은 수필 개척에 열성을 다해 주길 바란다.